KB131874

세계 경제패권전쟁과
한 반 도 의   미 래

세계 경제패권전쟁과 한반도의 미래

1판 1쇄 인쇄 2019. 2. 15.
1판 1쇄 발행 2019. 2. 22.

지은이 김택환

발행인 고세규
편집 권정민 | 디자인 조명이
발행처 김영사
등록 1979년 5월 17일(제406-2003-036호)
주소 경기도 파주시 문발로 197(문발동) 우편번호 10881
전화 마케팅부 031)955-3100, 편집부 031)955-3200 | 팩스 031)955-3111

저작권자 ⓒ 김택환, 2019
이 책은 저작권법에 의해 보호를 받는 저작물이므로
저자와 출판사의 허락 없이 내용의 일부를 인용하거나 발췌하는 것을 금합니다.

값은 뒤표지에 있습니다.
ISBN 978-89-349-8529-7 03320

홈페이지 www.gimmyoung.com 블로그 blog.naver.com/gybook
페이스북 facebook.com/gybooks 이메일 bestbook@gimmyoung.com

좋은 독자가 좋은 책을 만듭니다.
김영사는 독자 여러분의 의견에 항상 귀 기울이고 있습니다.

이 도서의 국립중앙도서관 출판시도서목록(CIP)은 서지정보유통지원시스템 홈페이지
(http://seoji.nl.go.kr)와 국가자료공동목록시스템(http://www.nl.go.kr/kolisnet)에서
이용하실 수 있습니다.(CIP제어번호 : CIP2019003966)

NEXT WORLD &
KOREA

세계 경제패권전쟁과
한반도의 미래

김택환 지음

김영사

차 례

머리말 : 4개의 눈과 용의 귀로 새로운 100년을 준비하라 ———————— 8

들어가며 : 지난 100년의 교훈으로 세계의 새 판에 대비하라 ————————— 12

1부 어떤 시대인가?
4강의 현재와 한반도에 대한 야심

1장 4강의 현재

1. 미국 : 2개의 냉전에 직면하다 ———————————————— 33
양극화된 국내와 세계 경제 패권 전쟁 | 미국의 자신감은 어디에서 오는가 | 프런티어 정신과 전쟁의 나라 | 국제 사회의 독불장군 | 미국의 위기 : 아메리칸드림의 붕괴

2. 중국 : 중진국과 초강대국의 기로에 서다 —————————— 44
더 자본주의적인 중국, 미국의 경쟁자로 부상하다 | 도광양회에서 대국굴기로 | 두 개의 함정 : '투키디데스 함정'과 '중진국 함정'

3. 일본 : '잃어버린 20년'을 넘어 '재팬의 부활'을 꿈꾸다 —————— 52
플라자 합의와 잃어버린 20년 | 절반의 성공 아베노믹스 | 기업의 부활과 노모즈쿠리 | 일본의 과제 : 고령화, 4차 산업혁명, 중국의 부상 | 전쟁 가능한 국가를 향해

4. 러시아 : 패권 국가에 대한 향수 ———————————————— 65
왜 푸틴에 열광하는가 | 패권의 노스탤지어 | 유라시아 제국의 부활 | 여전히 군사 대국 | 경제가 발목을 잡다

2장 국가 전략과 패권 경쟁

　1. 미국 : 미국 우선주의와 신중상주의 ———————— 77
　　아메리카 퍼스트 | 신중상주의와 신현실주의

　2. 중국 : 중국몽과 중국 특색 사회주의 ———————— 80
　　중국몽 | 3단계 대국굴기 프로세스 | 중국 특색 사회주의

　3. 일본 : 미국의 영향력에서 벗어나 '팍스 니포니카'로 ———— 85
　　금붕어 똥인가, 팍스 니포니카인가 | 미국 없는 새로운 세계 질서

　4. 러시아 : 뉴 그레이트 게임과 신동방 정책 ——————— 89
　　뉴 그레이트 게임 | 신동방 정책

3장 한반도에 대한 야심

　1. 미국 : 해방군이자 공산주의에 맞서는 동맹군 ————— 95
　　점령군과 해방군의 역할 | 냉전과 중국에 맞서는 최전선

　2. 중국 : 속국의 대상이자 해양 세력 밀어내기 ————— 98
　　한반도는 중국의 일부 | 해양 세력 밀어내기 : 3.5 대 2.5 전략

　3. 일본 : 침략자와 방패막이 ——————————— 101
　　한반도는 일본의 방파제 | 한반도 통일 이후에도 전략적 파트너

　4. 러시아 : 개입자와 대륙 세력으로 유인 ——————— 104
　　개입자의 러시아 | 대륙 세력으로 유인

2부 어떤 미래가 오고 있는가?
신경제 냉전과 한반도의 기회

1장 국제 질서의 대전환

　1. 기존 질서의 파괴와 새로운 전선 ——————————— 113
　　새로운 4대 전선 | 예정된 전쟁

　2. 영원한 친구도 적도 없다 ————————————— 119
　　기존 동맹의 해체 | 한반도 구도와 전망

2장 스트롱맨들의 리더십 전쟁

1. 리더십 대결의 배경 —————————————— 129

2. 트럼프의 '크레이지' 리더십 —————————————— 131
블랙스완, 거래의 달인 | 트럼프 리더십의 배경과 특성 | 떠오르는 트럼피즘 | 워싱턴 룰

3. 시진핑의 '황제' 리더십 —————————————— 137
세계 영도 | 중화사상 · 마르크스-레닌주의 · 마오이즘의 융합 | 21세기 진시황이 될 것인가 | 세계 패권 야욕

4. 아베의 '애국주의 마초' 리더십 —————————————— 143
국화와 칼 | 아베 리더십의 뿌리 | 헌법 개정인가, 새 북일/일중 관계인가

5. 푸틴의 '차르' 리더십 —————————————— 149
푸티니즘의 기원 | 푸틴의 과제 | 신경제 정책과 신데탕트

3장 미중 무역 전쟁이 신냉전으로

1. 미중 신냉전의 기원 —————————————— 157
중국의 미국화인가, 세계 경제의 중국화인가 | 신냉전이 경제에 찬물을

2. 신냉전의 4대 전쟁터 —————————————— 163
무역 | 디지털 플랫폼 | 해양 · 글로벌 전략 | 우주항공 · 사이버 전쟁

3. 미중 패권 전쟁 시나리오 —————————————— 172
미중 무역 전쟁의 3대 시나리오 | 미래 중국의 4대 시나리오

4장 신냉전이 바꿔놓을 세계

1. '인도-태평양' 전선 —————————————— 181
미국의 새 전략 | 중국의 '진주 목걸이 전략' | 인도의 '해양 독트린' | 미국과 중국의 경쟁

2. 신냉전의 수혜자와 피해자 —————————————— 189
아세안의 부상 | 수혜국과 피해국 | 일본의 미들파워 전략 | 러시아의 마이웨이

3. 신냉전은 한반도에 새로운 기회다 —————————————— 195
기존 질서의 붕괴로 인한 새로운 기회 | 미중 전쟁이 대한민국에 미치는 영향 | 위기를 국익으로 | 북한의 딜레마

3부 어떻게 미래를 준비할 것인가?
동북아 체스판의 주역으로

1장 한반도의 지정학적 가치를 활용하라

1. 코페르니쿠스적 발상으로 한반도에서 신문명을 ——— 207
한반도에 대한 코페르니쿠스적 발상 | 길 땅과 바다의 경계에서 신문명이 꽃핀다 | 문명이 충돌하는 한반도에서 신문명을

2. 한반도 체스판에 트럼프의 재선과 동북아 미래가 달려 있다
——— 215
한반도 문제가 트럼프 대통령의 재선을 결정한다 | 한일 더블 볼란테 전략 | 남북 단결로 동북아 체스판을 주도하라

2장 4차 산업혁명 선도와 한반도 경제공동체

1. 미래 경제 체제와 글로벌 공급 사슬 전쟁 ——— 227
4차 산업혁명이 미래 경제 체제를 결정한다 | 글로벌 공급 사슬 전쟁 | 글로벌 전략과 한반도의 기회

2. 북한 비핵화와 경제 퀀텀점프 ——— 237
북한의 비핵화 프로세스와 상응조치 | '물고기 잡는 도구와 기법'을 | 퀀텀점프가 필요하다 | '북한식 인더스트리 4.0'

3. 어떻게 경제공동체를 이룰 것인가 ——— 247
15년 안에 통일이 가능한 이유 | 공동 노벨평화상 | 3단계 남북 평화 통일 | 남북 화해를 위한 실천적 전략

후기 및 감사의 글 ——— 256
주 ——— 259

4개의 눈과 용의 귀로
새로운 100년을 준비하라

2019년은 3·1운동과 임시정부 수립 100주년이 되는 뜻깊은 해이다. '지난 100년을 어떻게 평가하고, 다가올 새로운 100년을 어떻게 준비할 것인가'라는 물음이 이 책의 집필로 이어졌다. 먼저 지난 세기의 세계와 한반도의 역사를 되돌아보면, 우리는 기적 같은 발전과 더불어 지옥 같은 굴곡의 시간을 헤쳐왔다고 한 문장으로 요약할 수 있다.

물질에 대한 인간의 끝없는 탐욕은 제국주의라는 괴물을 낳았고, 자유와 정의 대신 군사 이데올로기가 한반도를 지배함으로써 분단과 전쟁이라는 끔찍한 결과를 만들어냈다. 한반도는 미국, 소련, 중국, 일본 등 제국들의 패권 전쟁의 희생양으로 식민지가 되었을 뿐 아니라 힘없는 두 개의 약소국으로 분단되었고, 결국 냉전 시대를 여는 최악의 전쟁을 겪은 뒤 잿더미가 되고 말았다.

하지만 그 속에서 우리는 불사조처럼 일어섰다. 보릿고개를 넘어 풍요로운 한강의 기적을 이루었고, 억압과 탄압을 이겨내고 자유와 더 많은 가능성이 있는 새 세상을 만들어왔다. 그리고 이제 시장경제와 과학기술 및 산업의 눈부신 발전과 더불어 민주주의와 법치국가를 이루어낸 나라가 되었다.

오늘날, 다시 세상을 바꿀 메가트렌드의 물결이 밀려오고 있다. 미국과 중국의 신냉전, 세계화, 네트워크화, 인구 및 기후의 변화, 과학기술 발전과 4차 산업혁명이라는 거대한 파도가 동시다발적으로 맹렬하게 밀어닥치고 있다.

'1인당 국민소득 3만 달러, 세계 10대 경제대국, 아시아에서 가장 모범적인 민주주의 나라……' 등 많은 수식어로도 다 표현하기 힘들 만큼 대한민국의 역사는 기적의 연속이었다. 하지만 한편으론 지체된 역사, 퇴행의 시간에 갇혀 있기도 하다. 남북 분단, 양극화, 갈등과 분열의 심화 등 해결되지 않은 문제가 산적해 있다.

그러나 이제 새로운 100년을 맞이할 때이다. 우리는 어떤 100년을 꿈꾸고 있는가? 도래할 세상을 위해 우리는 어떻게 미래를 준비하고 어떤 기회를 잡아채야 하는가? 그리고 후손들에게 어떤 나라를 물려줘야 하는가?

이런 질문에 대한 답을 찾으려면 지금과 같은 혼돈의 시대에 미국, 중국, 일본, 러시아라는 4대 강국을 주시하며 그들의 압박을 헤쳐나가야 한다. 그래서 '4개의 눈'[1]과 '용의 귀'[2]로 하늘의 소리를 듣는 지혜와 능력이 필요하다. 4개의 눈과 용의 귀는 국제 정치와 경제뿐만 아니라 우리를 둘러싼 4개국을 깊이 들여다보는 지혜, 그리고 역사 속에서 신의 옷자락을 붙잡고 세계 구도의 변화를 낚아채는 능력을 말한다.

지난 100년간 한반도는 청일, 러일, 미소 간의 전쟁터였고, 남한과 북한은 이들이 두는 체스판의 졸卒에 불과했다. 그래서 우리 스스로를 '고래 싸움에 등 터지는 새우'로 자조하기도 했다.

이제 한반도에서 새 판을 짜야 한다. '코리아 밸류Korea Value'를 지렛대로 우리가 주변 국가들을 움직이는 새로운 세상을 만들어야 한다. 어느 때보다 전략과 묘책이 필요하다. 그러기 위해서는 기존의 관점에서 벗어나 새로운 프레임으로 4대 강국의 상황과 한반도에 대한 야심을 분석하고 대책을 마련하는 것이 절실하다. 이에 대한 문제의식은 크게 세 가지로 정리할 수 있다.

1) 국제적으로 펼쳐지는 미·중·일·러 패권 전쟁의 원심력과 남북, 북미 간 평화 프로세스의 구심력이 한반도 상공에서 어떻게 작용하는가?
2) 거대한 판을 바꾸는 메가트렌드와 세계 질서의 파괴로 어떤 세상이 펼쳐지고, 우리에게 어떤 도전과 기회가 오는가?
3) 새로운 남북, 북미, 북일 간의 관계와 일중, 일러 관계가 어떻게 변화되고, 어떻게 희망찬 한반도의 미래를 만들어갈 수 있는가?

위 질문에 대한 해답을 찾으려면 융·복합적 접근이 필요하다. 지정학적 위치를 불운이라고 탓하지 말고 지정경학(지정학+지경학)적 행운을 만드는 지혜와 전략을 세워야 한다. 이를 조선 건국의 법전인《경국대전經國大典》처럼 '한반도의 미래 전략과 전술의 길라잡이가 되라'는 의미에서 '정경국전政經國典'이라고 부르고 싶다.

대한민국의 위대한 경제 발전과 민주화는 복합적인 요인들이 작용한 '컨틴전시contingency'의 결과이다. 독일의 통일같이 '역사적인 행운'이라고나 할까. 여기서 질문을 던질 수 있다. 대한민국의 경제 발전과 민주화는 국민들의 성실함과 투쟁만으로 가능했을까? 냉전 체제와 미국의 전략이 없었다면 박정희식 국가 발전 모델이 과연 가능했을까? 세계 역사의 흐름과 외교안보의 구도를 고려하지 않은 이론은 탁상공론에 불과하다.

지난 미소 냉전은 한반도에 있어 지옥이자 성공의 동력이었다. '역사의 패러독스'가 아닐 수 없다. 앞으로 벌어지는 '미중 신경제 냉전'도 우리에게 지옥이 될 수도, 호기가 될 수도 있다. 그 결과는 우리의 역량에 달려 있다. 구한말처럼 나라의 몰락이라는 비극이 다시는 일어나지 않게 하려면 무엇보다도 국제 흐름, 특히 4강의 정세와 전략을 정확하게 파악해 새로운 성공 전략을 마련하는 것이 중요하다.

이 책에서는 먼저 한반도를 둘러싼 4대 열강의 정치·경제 현황과 한반도에 대한 본심을 분석했다. 4강의 이해관계의 창검槍劍이 아직 한반도 상공에서 부딪히고 있고 우리의 미래에 큰 영향을 미치기 때문이다. 또 어떤 미래가 오고 있는지를 파악하기 위해 국제 질서의 대전환, 미중 신경제 냉전의 본질과 전망, 이에 대한 우리의 도전과 기회를 정리했다. 마지막으로 어떻게 한반도의 지정학적 가치를 활용해 기회를 잡고, 4차 산업혁명을 선도하며, '한반도 신경제공동체'를 만들어나갈지에 대한 방향을 제시했다.

한반도의 문제를 풀기 위해 4강의 민낯을 파악하고 대책을 마련하는 것이 바로 '지피지기면 백전백승'이 아니겠는가. 파괴와 혼돈의 시대에 두려워하거나 주눅들지 말고 용기 있게, 대범하게 미래로 전진하자. 나아가 우리도 고래 싸움에서 더 날쌘 돌고래가 되어 신문명의 시대를 열어가길 기대해본다.

지난 100년의 교훈으로
세계의 새 판에 대비하라

'100년의 평화 체제'에서 '미국이 주도하는 베르사유 체제'로

"100년의 평화 체제를 유지하던 19세기 문명이 무너졌다."

저명한 경제사학자인 칼 폴라니Karl Polanyi는 자신의 저서 《거대한 전환》에서 유럽 강대국들 사이에 파괴적인 전쟁이 일어나게 된 정치·경제적 기원을 다루고 있다.[3] 그는 19세기 100년 동안 평화가 유지된 이유를 네 개의 시스템으로 설명한다. 첫 번째는 '유럽 강대국들 사이의 세력 균형 체제', 두 번째는 세계 경제 시스템의 상징인 '금본위제', 세 번째는 물질적 복지를 낳았던 '시장의 자기 조정 기능', 마지막으로 '자유주의 국가 시스템'이다. 이 네 개의 시스템은 각각 두 개씩 경제 제도와 정치 제도로 나뉘고, 마찬가지로 두 개씩 국내 차원과 국제 차원으로 나뉜다. 따라서 이를 2×2의 4차원 도식으로 그리면 옆의 그림과 같다.

그는 이 중에서도 특히 금본위제가 19세기 100년 동안 야만과 전쟁의

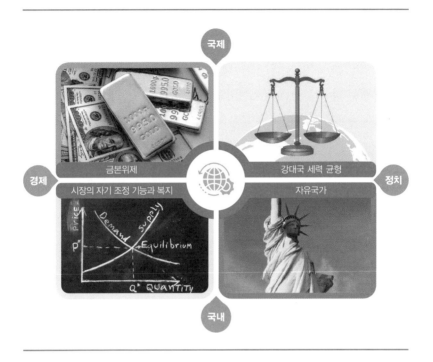

시대가 아닌 문명의 시대를 유지하는 데 결정적인 역할을 했다고 설명했다. 문명의 시대라고 부르는 이유는 이 시기에 예외적으로 인류를 재앙으로 몰고 가는 전쟁이 없었기 때문이다.

하지만 20세기에 들어서자마자 야만과 전쟁의 시대가 시작되었다. 1914년 유럽의 변방 보스니아의 수도 사라예보에서 울린 총성의 불꽃은 전 유럽을 뒤덮었고, 같은 기간에 아시아에서도 국제 전쟁이 일어났다. 군인 1,000만 명과 민간인 700만 명의 사상자를 낸 20세기의 첫 번째 세계대전이었다. 독일, 이탈리아, 오스트리아를 중심으로 한 동맹국과 영국, 프랑스, 러시아를 중심으로 한 연합국과의 전쟁은 미국의 참전 끝에 연합국의 승리로 끝났다. 1918년 11월 11일, 프랑스의 페르디낭 포슈Ferdinand Foch 연합군 총사령관은 파리 외곽의 콩피에뉴 숲에 있는 열차 객실에서 독일로부터 항복문서를 받아냈다. 이곳은 제2차 세계대전이 발발하고 이듬해인 1940년 히틀러가 프랑스 지도부로부터 직접 항복문서를 받아낸 슬픈 장소이기도 하다.

제1차 세계대전을 일으킨 악령은 민족국가주의와 극단적 포퓰리즘이었다. 〈뉴욕타임스〉를 포함한 세계 언론은 제1차 세계대전 종전 100주년을 맞아 다시 "악령이 부활하고 있다"는 특집 기사들을 쏟아냈다.[4] 프랑스의 에마뉘엘 마크롱Emmanuel Macron 대통령 역시 제1차 세계대전 종전 100주년 기념식에서 "낡은 악령들이 혼돈과 죽음의 씨앗을 뿌리려고 되살아나고 있다"면서 "배타적인 민족주의는 애국심을 배반하는 것"이라고 지적했다. 특히 민족주의와 포퓰리즘을 내세운 도널드 트럼프Donald Trump 대통령의 아메리카 퍼스트America First를 겨냥해 비판한 것이다.

제1차 세계대전이 끝나고 새로운 세계 질서가 형성되던 중심에 처음으로 미국이 등장했다. 1919년 1월 18일부터 파리에서 개최된 제1차 세계대전 종전 강화회의는 우드로 윌슨Woodrow Wilson 미국 대통령 주도하에 진행되었다. 그는 독일과의 조약에 '14개조 원칙'을 제시함으로써 국제 질서의 주도권을 잡으려는 제국주의의 야심을 드러냈다. 베르사유에서 조인된 강화조약의 내용은 독일 국민에게 매우 가혹했다. 독일은 해외 식민지를 모두 잃었고, 알자스로렌을 프랑스에 반환해 전체 인구의 15%와 영토의 10%가 사라졌다. 또한 엄격한 군비 제한과 더불어 전쟁 배상금으로 1,320억 마르크가 결정되었다.

베르사유 조약 이후 형성된 국제 질서를 '베르사유 체제'라고 부른다. 독일, 오스트리아, 오스만튀르크 등 동맹국 진영의 제국들은 단일 소국가로 해체되었고, 윌슨이 내세운 '민족자결'의 원칙에 따라 폴란드, 체코

슬로바키아, 유고슬라비아, 핀란드, 발트 3국 등 독립 국가들이 건국되었다. 하지만 민족 자결의 원칙은 비非유럽권 식민지나 종속국에는 적용되지 않았는데, 이는 소련을 견제하려는 의도도 있었기 때문이다.

더러운 평화Ugly Peace와 극단의 시대

제1차 세계대전에서 패배한 독일에서 혁명이 일어났다. 봉건 체제가 무너지고 1919년 1월 19일 최초의 민주공화국이 탄생했다. 대한민국 초대 헌법 제정에도 큰 영향을 준 바이마르 공화국이다. 공화국의 초대 대통령은 사민당의 프리드리히 에버트Friedrich Ebert 대통령이었다.

하지만 역시 문제는 경제였다. 천문학적인 배상금에다 초인플레이션으로 독일의 민생 경제는 파탄이 났다. 오죽하면 추운 겨울 돈을 아궁이 불쏘시개로 썼겠는가. 베르사유 조약은 독일인에게 아주 치명적이었다. 독일의 배상금 1,320억 마르크는 오늘날의 화폐 가치로 환산하면 4,420억 달러에 이를 정도로 천문학적인 금액이다. 독일에 과중한 배상금을 강요한 베르사유 조약은 독일인의 자존심에 씻을 수 없는 상처를 남겼다. '더러운 평화 조약'으로 평가받는 이유이다.[5]

괴벨스는 친구에게 보낸 편지에서 "저급하고 무의미한 군중의 혼돈 속에서 사람들이 다시 지도자와 힘을 찾아 절규할 때가 올 것이라고 너 역시 믿지 않는가? 우리 이때를 기다리자. 끊임없이 정신을 연마하여 이 싸움을 준비하자"라고 썼다.[6] 그 지도자는 바로 아돌프 히틀러Adolf Hitler였다. 1929년 10월 대공황으로 인한 경제난은 나치가 집권하는 길을 활짝 열어주었다. 나치는 1932년 총선에서 원내 제1당으로 올라섰고, 1933년 1월 30일 히틀러는 합법적으로 총리가 되었다. 힌덴부르크Hindenburg 대통령과

측근들이 정권을 갖다 바친 것이다. 이를 두고 괴벨스는 "민주주의가 불구대천의 원수에게 자신을 섬멸할 무기를 스스로 선물했다는 사실은, 민주주의가 가진 최고의 난센스"라고 비웃었다. 민주주의의 약점과 위험성을 지적한 말로 이는 오늘날 세계 정치에도 유효하다.

제1차 세계대전과 달리 제2차 세계대전의 전선은 유럽뿐 아니라 아시아로까지 확대되었다. 일본도 군국주의를 추구하면서 전쟁에 뛰어들었다. 독일, 이탈리아, 일본을 중심으로 한 동맹국 진영과 미국, 영국, 소련의 연합국 진영이 맞붙었다. 이번에도 결과는 연합국의 승리였다. 미국은 명실상부한 세계 최강 국가로 부상했다. 제1차 세계대전이 유럽의 패권 전쟁이었다면 제2차 세계대전은 반동으로 태동된 '파시즘 대 공산국가·자유민주국가'의 전쟁이었다. 그리고 제2차 세계대전이 끝난지 얼마 되지 않아 미국과 소련을 중심으로 자유민주주의 대 공산주의 진영 간의 냉전 시대가 찾아왔다.

제1, 2차 세계대전을 언급한 이유는 그 두 차례의 전쟁이 한반도에 불행의 씨앗이자 직접적인 화근으로 작용했기 때문이다. 한편으로는 한반도의 미래 문제 해결의 실마리를 찾기 위해서이기도 하다. 한반도는 냉전의 첫 번째 전쟁 무대이자 최대 피해자이며 아직도 영향력 아래에 있다.

미국, 세계 시장 시스템 설계로 패권 국가가 되다

제1차 세계대전 종반에 참석해 가장 큰 이익을 얻은 미국은 유럽과 패전국 독일을 어떻게 다뤄야 할지 방안을 찾아냈다. 이는 아직도 세계 경제 흐름에 유효한 패턴이다.

미국의 윌슨 대통령이 베르사유 조약에서 내건 '14개조 원칙' 중 제

3조에서 "평화에 동의하고 그 유지에 관여하는 모든 국가들 사이에서 가능한 모든 경제적 장벽을 제거하고 대등한 무역통상 조건을 수립한다"고 선언했다. 또한 제2조는 "국제 협약을 시행하기 위한 국제적인 행동에 의해 공해의 전부 또는 일부가 폐쇄되는 경우를 제외하고는, 평시나 전시를 막론하고, 영해 바깥 공해상에서의 항해는 절대 자유"라고 선언했다. 오늘날 미국이 주도하는 세계 자유무역과 이를 뒷받침하는 해양 헤게모니인 해군력을 선포한 것이다.

베르사유 조약으로 무장 해제와 전쟁 배상금이라는 짐을 짊어진 독일 바이마르 공화국은 휘청거리고 있었다. 제1차 세계대전이 끝날 무렵 1대 10이었던 달러화 대 마르크화의 환율은 전쟁이 끝난 1922년에 1대 20,000을 넘어섰다. 그만큼 인플레이션이 심각했으나 독일은 이를 방치하면서 '지급불능'으로 전쟁 배상금 문제에서 벗어나려고 했다. 이 과정에서 돈이 휴지 조각이 되자 정권은 흔들렸고, 이를 틈타 미국과 영국이 독일 정부를 압박해 화폐개혁을 단행했다. 1924년 런던 협정과 1925년 로카르노 조약에서 독일의 배상금과 국경선 규칙이 새롭게 정해졌다.

이때 새로운 세계 경제 시스템 전략을 마련한 미국은 독일에 전쟁 배상금의 2.5배에 달하는 막대한 돈을 투자했다. 이 돈으로 독일은 영국과 프랑스에 배상금을 지불했고, 영국과 프랑스 두 나라는 미국에 대출금을 갚았다. 그리고 미국은 다시 독일에 엄청난 금액을 빌려주었다. 경제가 살아나는 듯싶었지만 1929년 미국에서 대공황이 발생해 지원금이 끊어지자 독일 경제는 또다시 추락했고, 배고픔에 지친 국민들은 민족주의와 포퓰리즘으로 무장한 구원자 히틀러에게 열광했다.[7]

세계 시장의 윤활유 역할을 하는 미국이 설계한 '달러 순환 시스템'은 오늘날의 국제 금융 시스템으로 발전했다. 달러 순환 시스템의 두 번째 단계는 1971년 닉슨 대통령이 금본위제를 폐지하고 석유를 달러에 연동한 '달러-석유 순환 체제'이다. '룰rule'이 바뀌었다. 사우디아라비아 등 산유국들이 석유를 팔아서 번 돈으로 미국 채권을 매입해 미국으로 흘러 들어가는 순환 시스템이 구축되었다.

1990년대에 들어서자 중국 등 많이 나라들이 세계무역기구(World Trade Organization, WTO)에 가입해 미국이 주도하는 세계 경제 질서에 편입되었다. 이 국가들이 미국에 상품을 수출하고, 그 돈으로 미국 채권을 구입하여 달러가 다시 미국으로 흘러 들어가는 달러 순환 시스템의 세 번째 단계가 완성되었다. 상품이 석유를 대체한 것이다. 특히 이 단계에서 중국이 저비용으로 생산한 제품을 미국 시장으로 수출해 엄청나게 돈을 번 다음, 그 돈으로 미국 채권을 매입하는 순환을 반복하여 막대한 양의 달러화를 축적한다.

미국의 달러 순환 시스템은 위와 같은 과정을 거치면서 더욱 강력한 무기로 발전했다. 독일과 유럽에서는 '달러 채무 순환 체제', 중동에서는 '석유-달러 결제 체제'가 생겨났고, 이제는 미국의 대외 채무를 달러로 책정하는 시스템까지 만들어졌다. 즉 미국은 대외 채무를 져도 달러를 발행해서 갚아버리면 된다는 뜻이다. 따라서 중국 지린대학교의 리샤오李曉 교수는 "미국이 대외 채무를 달러로 계산하지 않고 유로화, 파운드화, 엔화, 위안화로 계산할 때 정말 몰락하는 것"이라고 말한다.[8] 유로화와 중국의 위안화는 끊임없이 달러가 차지한 세계 기축통화의 지위를 넘보고 있다.

팍스 아메리카나의 시작, 브레턴우즈 체제

1944년 7월 1일, 제2차 세계대전의 총성이 멈추기도 전에 연합군 44개국의 대표와 식민지 대표단 730명이 미국 뉴햄프셔주의 브레턴우즈라는 스키 휴양지가 있는 마운트 워싱턴 호텔에 모였다. 전후 새 세계 경제 시스템의 근간을 마련하는 자리로, 미국이 주도하고 영국이 뒤따르는 분위기였다. 브레턴우즈 체제의 핵심은 새 국제 통화 질서를 규정하고, 미국 달러화를 축으로 한 '조정 가능한 고정 환율 제도'를 도입하며, 이러한 제도를 관장하는 기구로 국제통화기금(International Monetary Fund, IMF), 세계은행, 국제부흥개발은행(International Bank for Reconstruction and Development, IBRD)을 설립하는 내용이었다. 달러화가 영국의 파운드화를 제치고 세계 기축통화가 되었다. 미국 대표인 해리 화이트Harry White는 각국의 대표자들이 수용할 수밖에 없는 네 가지를 약속했다.

1) 미국이 전쟁 비용을 부담한다.
2) 모든 해상무역을 보호한다.
3) 세계 최대 소비 시장인 미국 시장에 무제한 접근이 가능하다.
4) 회의 참석 나라를 경제적으로 지원한다.[9]

참석자들은 이것이 향후 무엇을 의미하는지 제대로 파악하지 못한 채 마냥 환영했다. 영국을 포함한 모든 국가가 부채와 전쟁의 후유증으로 경제가 피폐해져서 미국의 도움이 절실히 필요했기 때문이다.

브레턴우즈 체제로 '팍스 로마나Pax Romana', '팍스 브리태니카Pax Britannica'를 잇는 '팍스 아메리카나Pax Americana'의 시대가 개막했다. 팍스 아메리카나를 받치는 세 개의 기둥은 다음과 같다.

먼저 군사력이다. 미국은 해양을 제패하는 막강한 해군력과 함께 핵과 첨단 무기를 가장 많이 보유하고 있다. 현재 항공모함을 12척이나 보유하고 있는데, 이는 전 세계에 실전 배치된 항공모함의 절반이 넘는 수준이다. 그럼에도 추가로 5척을 건조할 준비를 하고 있다. 중국은 겨우 2척을 갖고 있을 뿐이다.

둘째, 세계 기축통화로서 달러화의 지위이다. 기축통화란 국제 상품, 원자재, 서비스 교역에 대한 지배적인 결제 수단이라는 말이다. "미국의 패권은 달러에서 온다"는 표현이 기축통화로서 달러화의 지위를 잘 설명해준다.

셋째, 세계 경제의 룰을 정하고 국제 금융 시스템을 주도한다. 미국은 WTO, OECD 등 국제 경제 기구뿐만 아니라 세계은행, IBRD, IMF 등에도 큰 영향력을 행사하고 있다. 미국의 국제 금융 시스템에서 배제되면 국가 간 송금 등 금융 업무에 어려움을 겪게 된다. 유럽의 유로화와 중국의 위안화가 기축통화의 자리에 도전하고 있지만 아직은 역부족이다.

브레턴우즈 체제의 가장 큰 수혜자는 한국, 중국, 일본, 독일, 캐나다 등 미국으로부터 막대한 무역 흑자를 기록하는 국가들이다. 그러나 트럼프 대통령이 이 국가들과 무역 마찰을 일으키고 새로운 룰을 요구하고 나섰다. 대표적인 사건이 미중 무역 전쟁이다.

미국의 '골대 옮기기'와 국제 질서의 '새 판' 짜기

냉전 시대의 경쟁자 소련을 침몰시키고, 1985년 '플라자 합의'라는 환율 공격으로 경제 도전자인 일본을 무릎 꿇린 미국은 세계 경제의 판도를 다시 짜기 시작했다. 그 중심에 트럼프 대통령이 있다. 전문가들은 미국의 세계 정책 변화를 '골대 옮기기'로 표현한다. 자신이 룰을 만들 뿐 아니라 전략·전술에서 유리한 환경을 고지하기 위해 규칙을 변경하는 행동을 일컫는다. 미국이 국제 경제와 외교안보에서 다시 골대 옮기기를 시작했다.

트럼프 행정부는 왜 보호무역으로 미국이 구축한 세계 자유무역 질서를 파괴하고 있는가? 또한 미국은 왜 '아메리카 퍼스트'를 앞세워 전통적인 동맹 관계를 해체하려 하는가? 이것이 전 세계의 가장 큰 궁금증이다.

그에 대해 살펴보자면, 무엇보다 G2로 상징되는 중국과 새 유럽군 창설을 주장하는 유럽 공동체의 부상을 그 원인으로 들고 있다. 특히 중국 시진핑習近平 주석의 '중국몽中國夢'에는 한때 최대 강대국이었던 옛 중국의 영광을 다시 재현하자는 꿈이 담겨 있다. 즉 패권 국가인 미국을 뛰어넘자는 뜻을 내포하고 있는 것이다. 이를 파악한 트럼프 대통령은 중국에 대한 미국인들의 반발심에 호소해 당선되었고, 공약대로 미중 무역 전쟁을 일으켰다.

또한 세계 경찰의 역할을 포기하고 자국의 이익을 극대화하겠다며 국제 경제 질서의 '게임 체인지'를 선언하고 나선 미국은 앞에서 살펴본 '문명의 축'을 뒤로하고 새로운 4대 축을 쌓고 있다. '달러의 기축통화 역할 강화', '아메리카 퍼스트', '보호무역', '금권정치의 강화'가 그것이다.

먼저 미국이 양적 완화 정책을 종료하고 기준 금리를 꾸준히 올리면서 달러화의 가치가 높아지고 있다. '믿을 수 있는 자산은 달러'라는 생각에 많은 투자가들이 달러를 사들임으로써 달러화의 가치가 최근 몇 년 동안 꾸준히 상승했다. 이는 국제 거래에서 어느 통화를 사용하는지에도 영향을 미쳤다. 미중 무역 전쟁이 일어나기 전인 2015년 8월 기준으로 세계 주요 거래 통화 순위에서 달러화의 비중은 44.82%였으나, 2018년 10월에는 63%까지 치솟았다. 불확실성의 시대에 달러화가 안전 자산으로 평가받고 있는 것이다.

트럼프 대통령의 또 다른 선거 슬로건은 '아메리카 퍼스트'와 '미국을 다시 위대하게Make America Great Again'였다. 동맹국보다는 미국의 이익을 극대화하겠다는 방향이다. 2018년 12월에는 시리아 철군을 선언해 제임스 매티스James Mattis 국방장관이 장관직을 던졌다. 매티스는 "미국의 힘은 우리가 지켜온 동맹과 협력의 포괄적 체계를 떼어서 생각할 수 없다"면서 "동맹을 지키면서 상대 동맹국을 존중하지 않는 한 우리의 역할을 제대로 할 수 없다"고 못 박았다. '아메리카 퍼스트' 정책으로 전통적인 동맹 관계가 흔들리고 있다. 또한 미국의 보호무역 정책은 중국, 유럽연합(European Union, EU), 캐나다, 멕시코, 일본, 한국 등과의 무역 분쟁에서도 잘 나타나고 있다. 미중 무역 전쟁과 한미 FTA 재협상이 대표적인 예다.

한편 미국 내에서는 금권정치가 더욱 심화되고 있다. 2008년 미국의 정치학자 베텔스가 주장한 "미국에 '금권정치plutocracy' 시대가 도래한

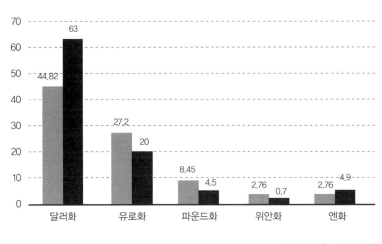

세계 주요 거래 통화 비중

(단위 : %)

- 달러화: 2015년 44.82, 2018년 63
- 유로화: 2015년 27.2, 2018년 20
- 파운드화: 2015년 8.45, 2018년 4.5
- 위안화: 2015년 2.76, 2018년 0.7
- 엔화: 2015년 2.76, 2018년 4.9

■ 2015년 ■ 2018년

• 출처 : Swift 자료 참조

다"[10]는 전망이 현실화 되고 있다. 미국 책임정치센터CRP는 2018년 중간 선거에서 뿌려진 돈이 무려 51억 8,287만 달러가 넘는다고 추산했는데, 역대 최대 금액이다. 2016년 대선의 23억 8,687만 달러에 비해 두 배가 넘는 수준이다. 연방선거위원회FEC의 지난해 선거 자금 모금 및 지출 자료를 분석한 결과 6 대 4의 비율로 민주당이 공화당보다 더 많이 쓴 것으로 나타났다.[11] 미국에서 보수와 진보를 가리지 않고 금권정치가 강화된 것이다. 금권은 워싱턴뿐 아니라 국제 정치에도 큰 영향을 미치고 있다. 미국이 동맹국에 과도하게 방위분담금을 요구하는 것도 연관이 있다.

이렇게 기축통화, 미국 우선주의, 보호무역, 금권정치라는 새로운 4개의 축이 세계 질서와 한반도에 영향을 주고 있다.

'지체된 역사'의 한반도, 3번의 기회를 놓쳐…

'자유, 평등, 박애!'

이 세 가지는 1789년 프랑스 대혁명의 슬로건이자 당대 서구 사회가 추구하는 가치였다. 그 당시 조선은 당파 싸움에 빠져 있었다. 또 영국과 독일이 증기기관과 방직공장을 앞세워 1차 산업혁명을 선도하던 19세기에 조선은 쇄국으로 문을 꽁꽁 걸어 잠그고 있었다. 이때 옆나라 일본은 메이지 유신으로 산업 강국과 입헌 국가로 탈바꿈하여 제국으로의 길을 걷고 있었다. 1910년 조선이라는 나라는 사라지고 한반도는 일제에 강제로 점령당했고, 많은 사람들이 일본, 중국, 미국, 러시아로 흩어졌다.

1945년 두 개의 원자폭탄을 맞고 일본 제국이 항복을 선언했다. 우리는 어부지리로 일제 강점에서 해방되었지만, 스스로 쟁취한 결과가 아니었기에 이후에도 참혹한 대가를 치러야 했다. 일제가 떠난 자리에 미국과 소련이 들어왔다. 그리고 자유민주주의와 공산주의라는 이념의 전쟁터가 된 한반도는 각기 다른 체제의 두 국가로 나뉘었고, 결국 전쟁이라는 비극이 일어나게 되었다. 냉전의 시작을 여는 가장 '핫hot'한 전쟁이었다. 25개국이 참전한 국제전이었고 좁은 땅에서 수백만 명이 죽었다. 한반도는 잿더미가 되었고, 그 상처가 너무도 깊어 아직도 전쟁의 후유증에서 벗어나지 못하고 있다.

세계 역사의 흐름에서 한반도가 평화와 번영으로 도약할 수 있는 세 번의 기회가 있었다. 첫 번째는 1970년대 초반에 찾아왔다. 1969년에 집권한 서독의 빌리 브란트Willy Brandt 총리는 '동방 정책'을 내걸고 미소 냉전의 철조망을 유럽에서 걷어내기 시작했다. 1970년 브란트 총리와 동독의 슈토프Willi Stoph 총리는 동독 지역인 에르푸르트에서 첫 정상회담을 개최했다. 평양에서 열린 김대중 전 대통령과 김정일 전 위원장의 첫 정상회담보다 30년 앞선 일이다. 한반도의 남북 정권들은 세계 흐름에 역행하고 있었다. 남측에서는 '유신'이라는 독재가, 북측에서는 '주체'라는 전체주의 국가가 통치했다. 자주, 평화, 대단결을 내건 '7.4 남북 공동 성명'은 그야말로 성명서일 뿐이었다.

두 번째 기회가 온 것은 1980년대 후반이었다. 소련의 고르바초프 Mikhail Gorbachev는 개혁·개방을 내걸고 사회주의 국가들에 개혁을 요구했다. 1990년대 사회주의 종주국인 소련의 해체와 함께 동구 사회주의 국가들이 몰락했고, 이를 기회로 독일은 평화 통일을 달성했다. 1991년 한반도에서 '남북 기본 합의서'가 체결되었지만 휴지 조각이 되고 말았다.

세 번째 기회는 중국이 개혁·개방으로 성공하고, 베트남 역시 '도이모이doi moi' 정책으로 약진할 때였다. 도이모이는 베트남어로 '변경한다'는 뜻의 도이doi와 '새롭게'라는 의미의 모이moi가 합쳐진 용어이다. 다시 말해 사회주의 정권과 자본주의가 공존해 번영으로 가는 모델을 만든 것이다. 당시 북미 간 평화 체제를 이룰 기회가 찾아왔다. 미국의 올브라이트Madeline Albright 국무장관이 북한의 김정일 위원장을 방문했고, 북한 조명록 차수가 미국 백악관의 빌 클린턴Bill Clinton 대통령을 방문했다. 이렇게 해서 북미 국교 정상화까지 거의 도달했으나 성과 없이 중단되고 말았다. 결국 미국에서 부시 대통령이 당선되면서 북미 정세가 급변했다. 김대중 대통령이 지적한 대로 "북한은 우물쭈물하다"가 북미 국교 정상화의 기회를 놓쳤고, 미국 입장에서는 북핵 문제를 해결할 기회를 놓친 셈이다.

이제 트럼프 대통령의 주도로 미국이 세계의 새 판을 그리기 시작했다. 한반도에는 네 번째 기회이다. 경제적으로는 대한민국에 위기이지만 외교 안보 차원에서는 평화와 번영의 길로 가는 마지막 기회가 될지도 모른다.

한반도 신질서를 위한 세 가지 방안과 담대한 조치

한반도 신질서를 위해 주변국 상황을 파악할 필요가 있다. 미국, 중국, 일본 등 세계 경제 국내총생산 1위, 2위, 3위 국가가 포진해 있고, 10위권의 러시아와 대한민국이 맞닿아 있다. 그 한가운데에 세계 최빈국인 북한이 끼여 있다.

한반도 상공에서 일어나는 4강의 충돌은 크게 두 가지 측면에서 비롯된다. 먼저 과거 냉전의 유령이 아직 살아 움직이고 있다는 것이다. 핵심 이슈 중 하나가 북핵이다. 다른 하나는 신경제 냉전이다. 미중 무역 전쟁을 말한다. 전자가 비핵화를 통해 세계 질서를 유지하려는 미국의 정책과 핵을 갖고 있어야 체제가 유지될 수 있다는 북한의 생존 전략 간의 충돌이라면, 후자는 강대국 간 패권 전쟁의 서막이라고 볼 수 있다.

다행히 2018년 4월 북한이 처음으로 핵무장을 포기하고 경제 발전에 매진하겠다고 발표한 이래 세 차례 남북 정상회담이 열렸고, 6월 12일에는 싱가포르에서 역사의 변곡점으로 남을 미국의 트럼프 대통령과 북한 김정은 위원장의 첫 정상회담이 개최되었다. 이를 성사시키기 위해 문재인 대통령은 중재자와 촉매자 역할을 담당했다. 문재인 대통령은 김정은 위원장과 트럼프 대통령을 각각 세 번씩 만났다. 김정은 위원장도 중국의 시진핑 주석을 네 번이나 찾아갔다. 남북 관계에 대한 미국과 중국의 존재 의미를 잘 보여주는 대목이다.

그렇다면 한반도가 평화와 번영의 길로 가기 위한 방안은 무엇인가? 세 가지의 방안이 있다. 첫째는 '미북 간 직접 해결'이다. 2019년 2월 27~28일 베트남에서 2차 정상회담을 개최하여 '톱다운'으로 북미 정상이 직접 역사적으로 얽혀 있는 실타래를 풀어가는 방식이다. 미국과 북한이 '윈-윈win-win'하도록 상호 주고받는 방식을 말한다. 미국이 자국민

남북 및 4강의 주요 지표

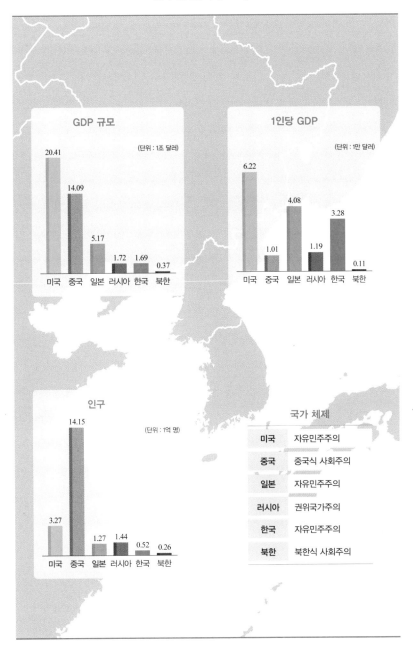

GDP 규모
(단위 : 1조 달러)

미국	중국	일본	러시아	한국	북한
20.41	14.09	5.17	1.72	1.69	0.37

1인당 GDP
(단위 : 1만 달러)

미국	중국	일본	러시아	한국	북한
6.22	1.01	4.08	1.19	3.28	0.11

인구
(단위 : 1억 명)

미국	중국	일본	러시아	한국	북한
3.27	14.15	1.27	1.44	0.52	0.26

국가 체제

미국	자유민주주의
중국	중국식 사회주의
일본	자유민주주의
러시아	권위국가주의
한국	자유민주주의
북한	북한식 사회주의

의 북한 입국 해제를 풀면 북한은 핵 시설 사찰을 허용하고, 미국의 종전 선언과 함께 북한은 납치한 푸에블로Pueblo호를 반환하는 것이 한 예가 될 수 있다. 또한 북한이 비핵화 리스트를 제출하면 미국은 평양에 연락사무소를 설치하고, 최종적으로 북한 비핵화를 이룸과 동시에 국교 정상화를 맺고 경제 발전을 지원하는 것이다. 그러나 북미 회담 진행이 정체되어 있는 현실을 고려할 때 플랜 B의 준비도 필요하다.

플랜 B라고 할 수 있는 둘째는 새로운 외교안보 전략이다. 미국뿐 아니라 한반도 주변 당사국들이 직접 나서는 방식이다. 김정은 위원장이 러시아를 방문하고, 일중 정상회담에 이어 북일 정상회담을 개최하는 것이다. 2002년처럼 북일 정상회담이 예상보다 빨리 성사될 수도 있다. 일본 고이즈미泉純一朗 총리의 방북을 설계한 다나카 박사는 도쿄에서 만난 필자에게 "2002년 북일 모델이 아직 유효하다"고 말했다. 북일 국교 수교와 더불어 일본이 북한의 경제 발전을 지원하는 것도 가능하다. 또한 남·북·러가 '에너지 공동체'로 갈 기회를 만들 수 있다.

셋째, 이란 핵 문제를 해결한 방식으로 북핵을 해결하는 방안이다. 이란 핵은 유엔의 안전보장이사회 5개국과 독일 외교부장관이 합류하여 핵 동결에 대한 대가를 지불한 유엔이 보장하고 EU가 배상금을 마련한 방식이다.

북한이 좋은 기회를 놓치지 않고 담대하게 비핵화와 경제 발전에 매진하는 것이 평화와 번영의 길로 가는 첫걸음이다.

1부

어떤 시대인가?

4강의 현재와 한반도에 대한 야심

1장
4강의 현재

1. 미국 : 2개의 냉전에 직면하다
2. 중국 : 중진국과 초강대국의 기로에 서다
3. 일본 : '잃어버린 20년'을 넘어 '재팬의 부활'을 꿈꾸다
4. 러시아 : 패권 국가에 대한 향수

NEXT WORLD & KOREA

2개의 냉전에
직면하다

양극화된 국내와 세계 경제 패권 전쟁

미국은 국내외적으로 크게 두 개의 전선을 형성하고 있다. 국내에서는 '정치의 양극화'라는 분열이 어느 때보다 심하고, 국외에서는 중국, EU 등과 신경제 냉전을 벌이고 있다.

먼저 '양극화'라는 국내전을 살펴보자. 오바마Barack Obama 전 대통령이 분열된 미국의 통합을 기치로 내걸고 대통령에 당선되었다면, 후임자 트럼프는 미국의 분열을 전략적으로 활용해 당선되었다. 앞으로도 분열 전략을 유지해야 트럼프가 재선에서 유리한 위치를 점할 수 있다.

미국 내 양극화의 뿌리는 자본주의와 신자유주의에 있다. 자본주의는 인류의 생산성을 획기적으로 증대시키는 데 기여했지만 한계가 있다. 그것은 바로 장기적으로 이익률이 낮아지고 주기적으로 경제 위기가 반복될 수밖에 없는 태생적인 구조에서 벗어나기 어렵다는 것이다. 1980년

레이건Ronald Reagan 대통령이 시작한 신자유주의는 빈부격차를 심화시켰다. 사회가 양극화되고 누구나 노력하면 잘살 수 있다는 '아메리칸드림American Dream'이 사라지기 시작했다. 신자유주의의 최대 수혜자는 보수도 진보도, 민주당도 공화당도 아닌 바로 기득권층이었다. 그 결과 미국은 정치의 양극화가 극에 달한다. 백인 대 비백인, 도시 대 비도시, 북부 대 남부, 연안 대 내륙, 고학력층 대 저학력층, 남성 대 여성 등……. 공화당은 '내륙·남부·비도시·저학력·남성·백인'이, 민주당은 '연안·북부·도시·고학력·여성·비백인'이 주요 지지층이다. 네 편 내 편을 가르는 포퓰리즘의 최전선에 트럼프 대통령이 있다. 그가 '미국의 정체성은 무엇인가'라는 새로운 담론의 중심으로 떠오른 것이다.

〈뉴욕타임스〉를 비롯해 수많은 언론은 트럼프 대통령이 취임한 이후 연일 '미국의 내전'에 대해 보도하고 있다. 미국의 비영리단체 '더 많은 상식MIC'의 대니얼 유드킨Daniel Yudkin이 미국인 8,000명을 대상으로 설문 조사를 실시한 결과 "진보적 활동가는 1%인 반면에 보수주의자의 97%가 트럼프를 대통령으로 인정한다"고 응답했다.[12] 다양한 인종 간의 차이를 용광로같이 하나로 녹이던 미국이 트럼프가 대통령으로 취임한 이후 갈기갈기 찢겨지고 있다. 〈뉴욕타임스〉의 칼럼니스트인 토머스 프리드먼Thomas Friedman은 심지어 트럼프를 "얼간이chump 같다"고 조롱할 정도이다.

또 다른 냉전은 국제 전선이다. 미국에 상품을 수출해서 흑자를 거두는 중국, 일본, EU, 한국, 캐나다, 멕시코 등이 그 대상이다. 핵심 타깃은 중국이다. 트럼프의 '아메리카 퍼스트'는 보호무역, 반다자주의, 해외 국방비 축소로 국내 군사비 증강을 대외 정책의 주축으로 삼았다. 여기에는 "우리도 먹고살기 힘든데, 왜 외국을 도와주느냐"는 내부 정서가 활용되고 있다.

사실 미국과 중국의 대결은 오바마 정권 때 시작되었다. 오바마 정부는 중국을 겨냥한 '아시아로의 회귀Pivot to Asia'를 내걸고 지정학적으로 민감한 남중국해, 티베트, 신장 위구르 자치구 등에서 군사적 긴장감을 높였다. 그러나 트럼프 정부는 경제 전쟁을 선택했다. 이라크, 리비아에서처럼 군사 전쟁을 일으키는 것이 아니라, 소련과 일본에 했던 것처럼 경제적으로 굴복시키는 전략을 선택했다.

미국의 자신감은 어디에서 오는가

트럼프 대통령은 무엇을 믿고 두 전쟁을 치를 수 있을까? 국제 전쟁을 하려면 국내 통합이 중요한데, 내전과 국제전을 어떻게 동시에 감당할 수 있을까?

이에 대한 해답은 미국의 국력에 있다. 강대국의 기준이 되는 8개 분야에서 미국은 아직 세계 최강의 자리를 유지하고 있다. 독일의 저명한 주간지 〈디 차이트Die Zeit〉의 발행인 조세프 요페Josef Joffe는 "(세계는) 미국이 빠져서는 아무것도 되지 않는 디폴트default 제국"이라고 평가했다. 그는 2009년 미국 정치외교 전문 격월간지 〈포린 어페어스Foreign Affairs〉에 쓴 기고문에서 "미국의 힘과 사명감을 대신할 나라는 없다는 현실엔 변함이 없다"며 이런 미국을 '디폴트 파워default power'라고 규정했다. 그는 미국이 4대 파워, 즉 경제력, 군사력, 교육, 젊은 인구를 갖고 있기 때문이라고 설명한다.[13]

10년이 지난 2019년 미국은 4개 분야를 넘어 8개 분야에서 세계적인 근육질을 자랑하고 있다. 8개 분야는 다음과 같다.

미국과 중국의 국력 비교

분야	미국	중국	비교
GDP	20조 4,128억 달러	14조 925억 달러	1.4배
1인당 GDP	6만 2,152 달러	1만 87 달러	6배
국방비	7,412억 달러	915억 달러	8.1배
항공모함	11척	2척	5.5배
세계 기축통화	63%	1.7%	37배
에너지 (석유 등)	최대수출국	최대수입국	증가
지적재산권 (국제 특허 신청)	5만 6,600 건	4만 8,900 건	1.16배
소프트파워 (문화/인적자원)	69.9	56.3	1.24배

• 출처 : IMF 등 다양한 자료 조합

1) 민주주의 체제와 국가 가치 : 자유, 평등, 인권, 번영, 아메리칸드림
2) 해군 군사력과 외교안보 능력과 전략
3) 경제 생산력 세계 1위
4) 기축통화와 국제 금융 장악력
5) 인구 증가와 세계 인재 흡입

6) 최고 수준의 과학기술과 대학
7) FAANG(페이스북, 아마존, 애플, 넷플릭스, 구글)으로 대표되는 글로벌 선도 기업
8) 할리우드의 문화·예술 파워

　미국의 쇠망이 아니라 일극 체제가 강화된다고나 할까. 역사적으로 정의하는 강대국의 다섯 가지 조건에서 세 가지를 더 갖춘 나라이다. 이것이 어떻게 가능했을까? 역사적으로 최강의 미국을 만든 '그 무엇'이 있을 것이다. 그것이 무엇인가?

프런티어 정신과 전쟁의 나라

원래 인디언의 땅이었던 아메리카에 500년 전부터 유럽인들이 진출하기 시작했다. 그들은 고향인 구대륙을 떠나 아메리칸드림을 꿈꾸며 신대륙으로 몰려갔다. 그 모험을 이들은 '프런티어frontier 정신'이라고 부른다. 누구나 열심히 일하면 부자가 된다는 믿음이 통했고, 전 세계 인재들이 미국으로 몰려들었다. 특히 20세기 초 구대륙에는 파시즘, 나치즘, 전체주의의 악령이 창궐했고, 아인슈타인, 폰 노이만 같은 인재들이 박해를 피해 미국으로 대거 이주했다. 미국에서는 민주주의와 사유재산을 보장하는 시장경제 등 합리적인 사회 시스템이 작동하고 있었기 때문이다.
　지금까지도 미국에서는 많은 이민자 후손이 혁신을 선도하고 있다. 구글의 공동 창업자 세르게이 브린은 러시아 이민자 출신이며, 애플의 공동 창업자인 스티브 잡스는 시리아에서 이민 온 아버지에게서 태어났다. 프런티어 정신의 DNA가 미국 혁신의 원동력으로 작동하고 있는 것이

다. 트럼프 대통령 역시 독일 태생의 할아버지가 미국으로 건너와 부동산 사업에서 성공을 거둔 경우이다. 프런티어 정신은 서부 시대의 개척자 정신을 일컫는 '카우보이' 문화로 이어졌고, 이는 미국의 패권주의와도 한 몸이 되었다.

또한 '양키'의 나라 미국은 '전쟁의 나라, 전쟁에 의한 나라, 전쟁을 위한 나라'라고 볼 수 있다. 현대 국가 중에서 미국만큼 전쟁을 많이 치른 나라도 없다. 초창기에는 아메리카 대륙의 원래 주인인 인디언과 수많은 전쟁을 치렀고, 국제전으로는 1775년 영국과의 독립 전쟁부터 최근 이라크 전쟁까지 총 36번의 전쟁을 겪었다.[14] 전쟁으로 목숨을 잃은 미국인이 무려 193만 명에 달한다. 전문가들은 미국의 '호전성'을 지적한다. 미국은 제1, 2차 세계대전을 승리로 이끌었고, 소련과의 냉전에서도 승리했다. 하지만 아시아 국가들과의 전쟁에서는 승률이 그다지 높지 않다. 먼저 일본과 맞붙은 제2차 세계대전에서는 승리했지만 이어진 한국전쟁에서는 북한, 중국과 무승부를 기록했고, 월남전에서는 최초로 패전을 경험했다.

하지만 미국은 수많은 전쟁을 통해 더욱 강해졌고, 승리하는 노하우와 세계 질서를 유지하는 능력을 향상시켰다. 그리고 전쟁터에서 얻은 승리 전략을 이제 경제 전쟁에 적용하고 있다. 인터넷을 비롯한 수많은 신기술은 전쟁이나 국방으로부터 파생되었다. 이것이 곧 미국의 경쟁력이다.

국제 사회의 독불장군

"황혼기에 접어든 백인 문명의 반동적 움직임이 미국을 미래로 가는 다리로 연결하기란 쉽지 않다. 트럼프 대통령이란 오바마가 지향하던 다원주의 제국 질서를 약화하고 전 세계적으로 국수주의가 대반격하는 시대를 의미하기 때문이다."[15]

미국 전문가인 안병진 경희대 교수가 자신의 저서 《미국의 주인이 바뀐다》에서 미국의 미래에 대해 전망한 글이다. 그는 미국 건국 이래 처음으로 주류의 교체가 시작되었다고 분석한다. 또 지금이 미국 문명의 새 패러다임을 만들어가는 '대진환기'이며, 거침없이 토해내는 막말에도 불구하고 트럼프가 대선에서 승리한 것에는 기존 백인 중심 문명의 황혼기에 대한 미국 사회의 강한 절망감이 배어 있다고 진단한다. 대통령에 당선된 이후 트럼프는 더욱 강한 독불장군의 모습을 보여주고 있다. 그 결과 세계적으로 반미 정서가 강화될 뿐 아니라 중국, 러시아, 유럽에서 강력한 새 전선이 형성되었다.

먼저 트럼프 대통령은 중국에 2,500억 달러 정도의 중국산 제품에 관세를 부과하며 본격적으로 무역 전쟁의 방아쇠를 당긴 것이다. 2018년 12월 1일 아르헨티나에서 열린 G20 회의에서 트럼프 대통령과 시진핑 주석은 잠정적으로 '90일 임시 휴전'을 선언했지만, 전문가들은 미국과 중국의 충돌이 갈수록 격화될 것이라고 전망한다. 무역 전쟁을 넘어 미래 기술·무기 전쟁으로까지 확대될 것으로 예측하고 있다. '신냉전'이라고 부르는 이유다.

둘째, 유럽과의 전선이다. 독일의 통일과 소련의 몰락 이후 유럽은 미국의 최대 동맹국이었다. 하지만 트럼프는 EU를 '통상의 적'으로 규정하고 브렉시트(Brexit, 영국의 EU 탈퇴)를 결정한 영국에 "EU를 소송하라"며 갈등을 부추기고 있다. 트럼프는 또 북대서양조약기구(North Atlantic Treaty Organization, NATO) 정상회의에서 유럽 주요국에 더 높은 방위비 분담을 요구했다. 미국과 유럽 간의 전통적 군사동맹, 경제협력 관계가 위기에 처했다는 평가가 나오는 이유이다. 트럼프 대통령은 2018년 11월 15일에

방영된 미국 CBS 〈페이스 더 네이션Face the Nation〉과의 인터뷰에서 "미국의 최대 적이 누구냐"는 질문에 "우리는 많은 적이 있다고 생각한다. EU가 통상에서 우리에게 하는 것을 보면 적이다. EU가 그렇지 않다고 생각하겠지만, 그들은 적이다"라고 대답했다. 이어 그는 또 "러시아는 어떤 면에서는 적이다. 중국은 경제적으로 적"이라고 덧붙였다.

영국의 〈가디언〉지는 "트럼프 대통령이 전통적 맞수인 러시아와 중국보다 우방인 EU를 적국으로 앞세웠다"며 최근 미·EU 간 통상 갈등을 이런 발언의 배경으로 봤다. 트럼프 행정부는 유럽산 철강·알루미늄 제품에 고율 관세를 부과했고, EU는 28억 유로(약 3조 6,000억원) 규모의 보복 관세로 맞섰다. 이후 트럼프 대통령이 유럽산 자동차에 대한 관세 부과 계획과 수입 제한 조치 등을 거론하면서 무역 갈등이 심화되고 있는 형국이다.

하지만 유럽은 새로운 길을 찾아 나섰다. 트럼프 대통령이 NATO에서 미군 철수를 외치는 가운데 프랑스의 마크롱 대통령이 총대를 멨다. 그는 "NATO를 떠나 독자적으로 유럽군을 창설하자"고 제안했고, 독일의 메르켈Angela Merkel 총리가 이에 호응하는 모양새를 갖췄다. 독일이 그동안 유럽군 창설에 찬성하지 않았다는 것을 고려하면 큰 변화다. 독일의 슈뢰더Gerhard Schröder 전 총리는 아예 "미국과의 동맹보다는 경제적으로 중국과 연대하라"며 촉구하고 나섰다.[16] 그는 독일이 미국에서 벗어나 독자적인 외교안보 행보를 하는 것이 문명국가로의 귀환이라고 말할 정도이다.[17]

미국의 독불장군 행보는 무역뿐 아니라 환경(파리협정), 핵 문제(이란 핵) 등 다른 국제적 이슈로 확장됨으로써 전 세계에서 반미 전선이 형성되고 있다. 세계 경찰국가이자 다자주의를 주창하던 미국의 이러한 변화로 인해 전통적으로 우호 관계에 있던 국가들과도 충돌이 빚어지고 있다.

미국은 다시 고립을 뜻하는 '먼로주의'로 회귀하고 있다. 이와 같은 외교 정책이 향후 미국의 국내 상황과 국제 정치에 어떤 영향을 미치게 될지 관심이 모아지고 있다.

미국의 위기: 아메리칸드림의 붕괴

미국은 이민자의 나라이다. 이민자를 매혹하는 최고의 단어는 '아메리칸 드림'이다. 젖과 꿀이 흐르는 풍요롭고 자유로운 미국에 대한 열망이 담긴 단어이기 때문이다. 성실하게 열심히 일하면 누구나 부자가 되고 행복하게 살 수 있다는 희망을 표현한 것이다. 유럽, 아시아, 중남미에서 많은 사람들이 목숨을 걸고 미국으로 건너가 꿈을 일구어냈다. 아메리칸 드림이야말로 미국의 발전과 성장을 상징하는 말이라고 해도 과언이 아니다.

그러나 이민자의 후손인 트럼프가 아이러니하게도 아메리칸드림을 부정하는 행보를 걷기 시작했다. 그는 이민자와 불법체류자들을 미국의 적으로 규정하고, 미국과 멕시코의 국경에 장벽을 건설하는 등 반이민자 공약을 실현하고 있다.

트럼프의 할아버지와 아버지는 독일 남부 칼스타드 지역 출신이며, 어머니는 아일랜드 출신이다. 또한 그의 아내는 동유럽 슬로베니아 출신이다. 그런 그가 아메리칸드림을 역행하고 있다. 아메리칸드림이 사라지고 있다는 것은 세계 이민 트렌드가 미국에서 아시아로 이동하는 사실에서도 확인할 수 있다. 1990년대 미국으로 이주한 외국인은 1,160만 명으로, 전세계 신규 이민자의 약 60%를 차지했다. 그러나 2000년대에는 940만 명, 2010년대에는 560만 명으로 줄었다. 반면에 아시아는 1990년

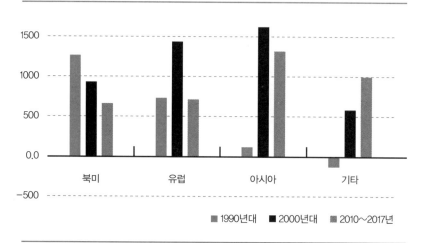

지역별 신규 이민자의 유입 규모

(단위 : 만 명)

■ 1990년대 ■ 2000년대 ■ 2010〜2017년

• 출처 : 〈니혼게이자이신문〉

대 신규 이민자 수가 100만 명에 불과했으나 2000년대에는 1,670만 명,
2010년대에는 1,370만 명으로 증가했다. 일본, 중국, 태국 등으로 많은
이민자들이 건너가고 있다.

아메리칸드림이 사라지고 있는 이유는 무엇인가? 지금의 미국은 누구
나 노력하면 중산층으로 진입하고 자신의 꿈을 이루는 사회가 아니라,
오히려 빈부격차가 심화되는 곳이다. 중심에는 '1%가 모든 것을 가져가
는' 미국식 정글 자본주의가 있다. 2012년 미국인들은 불평등의 주범으
로 금융기관을 지목하고 "월가를 점령하라Occupy Wall Street"라는 구호를
외치기 시작했다.

또 미국은 심각한 총기, 마약 문제를 겪고 있다. 하루에도 총기로 죽
는 사람이 테러나 전쟁에서 죽는 사람보다 더 많을 정도이다. 스위스 스

몰 암스Small Arms 무기조사연구소는 "2015년 미국 내 민간인 소유 총기는 2억 7,000만 정에 이른다"고 발표했다. 총이 많은 만큼 총기 사고도 잦다. 미국 질병통제예방센터CDC는 "2001~2013년 총기 사고로 인한 사망자는 40만 6,496명으로 같은 기간 테러로 인한 희생자(3,380명)의 120배를 넘는다"고 발표했다. 2001년 테러와의 전쟁이 시작된 이래 10년간 아프가니스탄과 이라크에서 숨진 미군 수(6,518명)가 미국 내에서 7개월 동안 총에 맞아 죽는 사람 수와 비슷한 정도라는 것이다.[18] 게다가 총기사고 사망자는 증가하는 추세이다. 구체적인 총기 관련 사망자 숫자는 2011~2014년에는 한 해 3만 3,500명 수준에 머물다 2015년에는 3만 6,000명, 2016년에는 3만 8,000명을 넘었다.[19]

역대 미국 대통령 43명 가운데 다섯 명이 재임 중 총에 맞았다. 이 중 네 명(링컨, 가필드, 맥킨리, 케네디)은 숨졌고, 한 명(레이건)은 총알 제거 수술을 받고 완쾌되었다. 그럼에도 불구하고 총기 문화를 개선하지 못하고 있다. 여러모로 아메리칸드림이 위험에 처한 상황이다.

중진국과 초강대국의
기로에 서다

더 자본주의적인 중국, 미국의 경쟁자로 부상하다

세계 2위 경제 대국으로 빠르게 성장한 중국의 힘은 무엇인가? 전문가
들은 국내적 측면과 국제적 측면 두 가지로 설명한다. 먼저 국내적 측면
에서는 개혁·개방 정치 리더십, '패스트 팔로우fast follow' 국가 전략, 높
은 교육열과 애국주의, 그리고 중국몽에 대한 희망을 든다.[20] 국제적 측
면에서는 미국이 주도하는 국제 경제 체제로 편입된 것을 들 수 있다. 그
리고 WTO 가입, 한국과 일본보다 큰 거대 시장과 다이내믹(역동성), 세계
제품 공장, 하이테크와 지식 기반 경제, 연구 혁신에 따른 글로벌 투자
1위 국가로의 대전환 등을 중국의 힘으로 꼽았다.[21]

40년 전 덩샤오핑鄧小平이 새 국가 전략과 전술을 제시하며 중국을 개
혁·개방의 길로 이끌었다. 덩샤오핑은 1979년 미국을 방문하고 돌아와
흑묘백묘론黑猫白猫論을 주장했다. "자본주의든 공산주의든 상관없이 중

국 인민을 잘살게 하는 것이 제일"이라는 뜻이다. "부유해질 수 있는 사람부터 먼저 부유해지라"는 뜻의 '선부론先富論'과 함께 덩샤오핑의 경제 정책을 가장 잘 대변하는 용어였다. '도광양회韜光養晦'는 "자신을 드러내지 않고 때를 기다리며 실력을 기른다"는 의미로, 중국의 외교방침을 제시한 것이다. '도광양회'는 청조 말기에 사용되었으나 이후 중국을 개혁·개방의 길로 이끈 덩샤오핑이 중국의 외교 방향으로 '28자 방침'에 사용하면서 전 세계적으로 알려졌다.

한국엔젤투자협회 고영하 회장 등 많은 전문가들은 사회주의 국가지만 자본주의를 받아들인 중국이 "서방보다 더 자본주의적인 사회"라고 말한다. 중국은 개혁·개방 이래 엄청난 속도로 도약했다. 초기 모델은 한국과 일본의 성공 방식을 답습하는 '패스트 팔로우' 전략이었다. 저임금 노동력에 기반해 수출에 의존하는 경제 구조로, 수출로 축적한 자본을 다시 투자하여 생산량을 늘리고, 다시 수출을 늘리는 순환 형태이다.

그러나 최근 들어 중국은 과감한 대전환을 시도하고 있다. 시진핑 주석이 새로운 국가 전략인 '대국굴기大國崛起'를 선언한 것이다. 이는 중국이 패권 국가가 되겠다는 것을 의미한다. 중국 특파원을 지낸 〈중앙일보〉 유상철 박사는 이에 대한 이유가 "아직 중국의 1인당 GDP는 1만 달러 선이고, 여전히 내수 시장을 키워야 하며, 정신 상태가 살아 있기 때문"이라고 진단한다.

도광양회에서 대국굴기로

시진핑 주석은 40년간 유지된 덩샤오핑의 '도광양회'에서 '대국굴기'로 국가의 정책 방향을 전환했다. '중국몽'이라는 미래의 국가 발전 목표를 세웠고, 그 목표를 이루기 위한 대표적인 사업으로 '일대일로一帶一路'를 추진했다. 먼저 공산당 창당 100주년이 되는 2021년에 '전면적 소강사회小康社会'를 완성하는 것이 목표이다. 이는 중국식 현대화를 말한다. 중국 전문가들은 "이 시기에 미국과 중국의 GDP가 역전될 수 있다"고 예측한다. 이어 신중국 건국 100주년이 되는 2049년에는 '중화민족의 위대한 부흥'을 내걸었다. 미중 패권 경쟁에서 승리하고 중국이 주도하는 세상을 만들겠다는 것이다. 이를 가장 잘 드러내는 용어가 '대국굴기'이다. 국력을 기르고 때를 기다린다는 '도광양회' 시대를 뒤로하고 이제 제국으로 도약하겠다는 행보이다. G2로서 미국에 도전장을 던진 것이다.

중국의 이러한 자신감의 배경에는 경제력이 있다. '대국굴기'가 추구하는 중국의 정치, 경제를 한마디로 정리하면 전문가들은 주저 없이 '강强'이라고 입을 모은다. 미국을 능가하는 강국을 만들겠다는 것이다. 이것이 '중국몽'의 핵심이다.

'중국몽'이란 말은 중국 국방대학교 류밍푸劉明福 교수가 쓴 책 이름에서 처음 사용되었다.[22] 헨리 키신저Henry Kissinger도 자신의 저서 《헨리 키신저의 중국 이야기》에서 '중국몽'을 수차례 인용했다. 류밍푸는 '중국몽'의 구체적 실체로 4대 분야를 제시한다. 군사 강국, 기술과학 강국, 문화 강국, 국제 사회 강국이 되는 것이다. 그는 미중 무역 전쟁에 대해 "한판 붙어야 한다"며 강경론자의 입장을 취하면서 곤혹을 치르기도 했다. 중국 전문가 유상철 박사도 자신의 저서 《2035 황제의 길》에서 "중국몽의 궁극적인 목표는 미국 타도"라고 규정한다.[23] 시진핑 주석이 장기 집권에 들어가 '신시대'를 내건 이면에는 이런 이유가 있다. 신시대란 무엇을 말하는가? 중국 특색 사회주의의 승리, 강국 건설, 인민 공동의 부유, 위대한 중화민국의 부활, 세계 무대에서 중국의 역할 등 세계 패권을 잡겠다는 중국의 제국주의적 속내를 잘 보여주는 내용들이다. 이것이 실현

된다면 중국은 세계 최강의 패권 국가로 등극할 수 있을 것이다.

중국 공산당 기관지 〈인민일보〉는 2018년 8월 10일자 '미중 무역 전쟁의 본질은 무엇인가'라는 사설을 통해 "중국이 급속한 경제 성장과 세계 무역에서 차지하는 핵심적인 위상으로 미국에 유례없는 적으로 떠오른 상황이 미중 무역 전쟁의 배경"이라고 분석했다. 사설은 또 "아편전쟁 이래 100여 년에 걸친 담대한 노력을 통해 중국은 세계 무대의 중심으로 복귀했다"고 평가했다. 또한 "미국은 세계 2위 경제 대국으로 성장한 중국을 자국의 전 세계 패권 지위를 가장 위협하는 존재로서 '유례가 없는 적'으로 간주하고 있다"고 설명했다. 중국 스스로 미국의 적으로 규정하고 있는 것이다.

지난 40년간 놀라운 속도로 성장을 거듭한 중국은 2009년 일본을 제치고 세계 2위의 경제 대국으로 등극했다. 전문가들 사이에 견해의 차이는 있지만, 중국의 GDP가 미국을 따라잡는 것은 시간문제라고 전망한다. IMF는 5년 내에 중국이 미국을 앞지른다는 전망을 내놓았고, 유럽의 프로그노스 연구소는 30년 후에야 중국이 미국을 추월할 수 있다는 예측을 내놓았다.[24]

두 개의 함정 : '투키디데스 함정'과 '중진국 함정'

오늘날 세계 언론의 이목이 집중되는 국제 관계의 뜨거운 감자는 미중 무역 전쟁이다. 국제정치학에 '투키디데스 함정'이란 용어가 있다. 기존 패권 국가가 신흥 강국의 도전을 두려워할 때 전쟁을 일으키는 현상을 이르는 말이다. 하버드 대학교의 그레이엄 앨리슨Graham Allison 교수는 《예정된 전쟁》이라는 저서에서 미국과 중국의 무역 전쟁을 '투키디데스 함정'이라고 설명했다.[25] 앨리슨은 이 책에서 기존 패권 국가와 떠오르는 국가가 전쟁을 했던 16개의 사례를 분석했다. 특히 그는 "기존 패권 세력인 미국과 새로운 도전자로 부상한 중국 간 전쟁이 필연적인가?"라는 질문을 던지는데, 그의 답변은 "전쟁 확률이 75%"라는 것이었다.

하지만 지금은 핵이라는 억지력 때문에 군사적 충돌보다 통상 분야에서 전쟁이 시작된 상황이다. 그렇다면 중국은 미중 무역 전쟁을 어떻게 전망하는가? 이를 파악하기 위해 필자는 2018년 11월 첫 주에 베이징을 방문해 중국의 교수, 기업인, 연구원, 언론인 등 각계 전문가들을 만났다. 이들은 세 가지 시나리오를 들려주었다.

첫 번째는 미국에 대한 중국의 굴복이다. 이미 중국의 여러 경제학자나 정치학자가 제기하고 있는 사안이다. 대표적인 학자로 지린대의 리샤오 교수가 있다. 리샤오 교수는 "중국이 경제적으로 성장한 것은 '미국 달러 시스템 내의 지위 상승'으로, 아직 중국 경제는 미국 경제 규모에 상대가 되지 않기 때문에 무역 전쟁을 해서는 안 된다"고 경고한다. 그는 또 '심미역량' 등 중국은 현재 능력과 역량을 키울 때라고 지적한다.

두 번째는 미국과의 전면전을 주장하는 쪽이다. 현재 중국 정부가 취하고 있는 입장으로, 일부 강경학자들도 전면전을 주장하고 있다. 관영 매체인 〈인민일보〉 역시 전쟁 불사를 외치고 있다.[26] 이는 중국 공산당 지도부의 생각을 반영한 것으로 볼 수 있다.

세 번째는 미중 무역 전쟁의 장기화이다. 베이징에서 만난 리청르李成日 중국사회과학원 선임연구원은 "미중 무역 전쟁이 장기전으로 갈 수 있다"고 전망한다. 왜냐하면 미국 정부와 중국 정부 간의 타협이 어려우며, 단기간에 승부가 날 사안도 아니기 때문이다. 이는 미래 패권 전쟁과도 연관이 있는 문제이다.

현지에서 만난 중국 전문가들은 '시간은 중국 편'이라고 판단하고 있었다. 13억이란 거대한 시장에다가 중국 공산당이 일사분란하게 미래를 준비하고 있기 때문에 승산이 있다는 것이다. 시진핑 주석은 공산당 간부들을 소집해 미래의 핵심 기술인 인공지능에 대해 학습을 시켰다고 한다. 미국과의 전쟁을 장기전으로 이끌겠다는 의지를 보여준 것으로 해석할 수도 있다. 기존의 패권국인 미국과 후발 주자로서 패권을 노리는 중국이 다툼을 벌이는 '투키디데스 함정'에 빠진 것이다. 현오석 전 경제부총리 등의 전문가들은 "마지막 승자가 나올 때까지 장기전이 벌어질 것"으로 전망한다. 결국 전쟁의 승부처는 누가 미래의 경제와 산업의 표준, 즉 룰을 결정하는 힘을 얻느냐에서 결판이 날 것으로 보인다.

다른 하나는 '중진국의 함정'이다.[27] 중국이 과연 연착륙을 할 것인가, 경착륙을 할 것인가가 세계의 주목을 받고 있다. 한국, 일본 등 세계사적으로 중진국의 함정에서 벗어나 선진국 반열에 오른 국가들은 모두 민주주의 체제로 이행함으로써 문제를 해결했다. 그러나 중국은 그 길을 걷지 않고 '중국 특색 사회주의'라는, 독재를 강화하는 길을 선택했다. 공산당에 권력을 집중해 통제와 동원으로 위기로 돌파하려는 시도이다.

그러나 이에 대한 비판도 거세게 일고 있다. 부모가 모두 혁명 원로인 '홍얼다이紅二代'이기도 한 작가 라오구이老鬼는 "시진핑은 종신 집권의 길을 결코 걸어서는 안 될 것"이라고 비판했다. 중국과학원의 유명한 물리학자 허쭤슈何祚庥도 홍콩 〈빈과일보〉에 기고한 글에서 시진핑 주석의 장기 집권을 비판했다. 또 마오쩌둥毛澤東의 비서를 지낸 전 공산당 중앙조직부 상무부부장 리루이李銳는 홍콩 〈명보〉에 "중국인은 개인 숭배의 길로 흐르기 쉬운데 마오쩌둥에 이어 시진핑이 이러한 길을 가고 있다"며 "베트남도 변하고, 쿠바도 변하는데, 오직 북한과 중국만이 변하지 않는다"고 비판했다. 독일의 정치학자인 제바스티안 하일만Sebastian Heilmann 박사는 홍콩의 〈사우스차이나모닝포스트〉와의 인터뷰에서 "중국 디지털 감시의 수준은 조지 오웰이 소설 《1984년》에서 전망한 것을 능가할 정도"라고 비판한다. 필자가 만난 중국의 기업인도 비슷한 의견을 개진했다. 1억 대가 넘는 CCTV와 얼굴 인식 프로그램, 모든 거래를 휴대전화로 결제하는 정보기술 등으로 일반인들의 일거수일투족을 감시하는 통제 사회로 가고 있는 것이다.

이에 맞서 관변 학자들은 시진핑의 장기 집권을 옹호하고 나섰다. 중국정법대학의 리수중李樹忠 교수는 〈사우스차이나모닝포스트〉에 "반부패 사정 등 당면 과업을 지속적으로 추진하기 위해서는 당의 강력한 영도를 확립해야 한다"고 주장했다. '중국 공산당의 영도는 중국 특색 사회주의의 가장 본질적인 특징'이라는 내용을 헌법 1조에 삽입하게 되었다는 설명도 덧붙였다. 민주주의와 시장경제를 보편적 가치로 여기는 미국과 전략적 경쟁을 하겠다는 뜻이다. 이에 대해 중국 전문가인 성균관대 이희옥 교수는 "아직 중국은 미국의 상대가 되지 않는다"면서 "중진국 함정, 양극화, 부패 문제뿐 아니라 미중 간 위기와 갈등이 상시적으로 나타날 수밖에 없다"고 진단한다. 그러면서도 그는 "장기적으로 거대 시장을 가진 중국이 미중 간 표준 전쟁에 유리할 수도 있다"고 덧붙였다.

이후 미중 무역 전쟁의 무대는 표준을 바꾸는 신기술 분야로 이동할 것이다. 이미 기술에 기반한 플랫폼 전쟁이 불붙었다. 중국은 자국에서 구글과 페이스북을 금지시켰고, 미국은 화웨이와 ZTE의 반도체 수입을 금지시켰다. 미국에 세계적인 플랫폼 FAANG이 있다면, 중국에는 바이두, 텐센트, 알리바바, 화웨이 등이 있다. 세계 경제가 플랫폼 패권 경쟁으로 치달으면 미국과 중국의 기업을 넘어 국가 차원의 전쟁이 심화될 수밖에 없다. 이런 상황에서 자유무역으로 성장한 중국이 경제를 비롯한 국가 전반을 다시 폐쇄적으로 통제하려는 딜레마에 빠진 것이다.

중국은 이 문제를 어떻게 돌파할 것인가? 왕지쓰王緝思 베이징대 국제 전략연구원장은 '두 개의 질서'가 존재하고 있다고 본다. 중국 공산당이 주도하는 중국 국내 질서와 미국이 주도하는 국제 질서이다. 그는 두 지배권 사이의 모순이 미중 패권 전쟁의 핵심이라고 주장한다. 〈중앙일보〉 신경진 중국 특파원은 "중국이 미국의 글로벌 패권을 건드리자 '화평연변和平演變(평화적 수단에 의한 체제 붕괴)' 카드를 던졌다"고 평가한다.[28]

무엇보다 중국의 집권 기반인 경제가 불안하다. 중국은 무역, 주가, 환율에서 삼중고를 겪고 있다. 그 외에도 대만, 일본, 소수민족과 종교, 그리고 북한 등 무수한 뇌관을 갖고 있다. '온중유변穩中有變(안정 속 변화)'이라고 답한 집권 7년 차 시진핑 주석이 미중 전쟁이라는 시험대에 섰다.

3. 일본

'잃어버린 20년'을 넘어
'재팬의 부활'을 꿈꾸다

플라자 합의와 잃어버린 20년

세계 패권국인 미국이 도전자인 일본을 어떻게 주저앉혔고, 그 결과가 얼마나 참담했는지를 잘 보여주는 사건이 있다. '플라자 합의'와 '잃어버린 20년'이 그것이다.

일본이 승승장구하던 시절이 있었다. 세계가 일본 모델을 배우려고 하던 1970~1980년대를 말한다. "도쿄만 팔아도 미국의 전 국토를 살 수 있다"는 말이 나올 정도로 미국 경제를 추격했다. 미국에 수출해 어마어마한 흑자를 벌어들이고 있던 일본과 달리 미국은 막대한 재정 및 무역 적자에 허덕이고 있었다. 일본은 기술력을 바탕으로 미국의 전자 제품, 반도체, 자동차 시장 등을 잠식해갔다. 미국은 제조업에 심각한 타격을 입었고, 실업률이 높아졌으며, 노동자들의 분노는 일본을 향했다. 1974년 미국은 일본을 향해 '슈퍼 301조'[29] 카드를 꺼내들었다. 일본이 고정 환율제를 변동 환율제로 바꾸도록 강제하고 엔-달러 환율을 360엔에서 260엔으로 떨어뜨렸다. 그러나 이렇게 강력한 조치에도 일본은 수출의 날개가 꺾이지 않았고, 생산성 향상과 원가 절감으로 엔화 절상의 부정적 효과를 극복했다.

당시 일본은 '세계 2위 경제 대국'이라는 자신감에 도취해 있었다. 심지어 1985년 일본 외환심의회는 "엔화를 세계 기축통화로 만들겠다"고 발표했다. 미국의 역린을 건드린 것이다. 결국 미국은 더 강력한 무기를 꺼내들었다. '플라자 합의'로 알려진 '통화 정책'이 바로 그것이다. 1985년 9월 미국, 독일, 영국, 일본, 프랑스의 재무장관들이 뉴욕 플라자 호텔에 모여 일본 엔화와 독일 마르크화의 화폐 가치를 높여 국제 무역 수지의 불균형을 해소시키기로 했다. 엔화의 가치는 1주일 만에 달러화 대비 약 8.3% 상승했다. 환율은 1980년대에 1달러당 260엔에서 1995년 달러당 100엔 밑으로 하락했다. 환율 정책에 힘입어 가격 경쟁력을 회복한 미국의 제조업체들은 다시 수익성을 회복했고, 무역 적자 부담으로부터 벗어났다.

그러나 이것이 끝이 아니었다. 1987년 10월 뉴욕 증시가 폭락하자, 미국은 일본에 금리 인하를 요구했다. 일본이 금리를 내리면 투자자들은 엔화를 빌려 상대적으로 금리가 높은 미국의 채권과 금융 시장에 투자하기 때문이다. 일본은 손해를 예견하면서도 군사동맹국이자 패권 국가인 미국의 뜻을 거스르지 못했다. 낮은 금리에 대규모로 풀린 자금이 일본의 증시와 부동산에 흘러들어갔고, 자산 시장에는 대형 버블이 만들어지기 시작했다.

미국이 도전국인 일본을 주저앉힌 결정적인 무기는 '금융'이었다. 일본의 주식 시장이 한창 상승기에 있을 때 뉴욕 월가의 투자 은행들은 신상품을 출시했다. '일본 증시가 하락한다'에 베팅하는 상품이었다. 엔화

일본 버블 당시 부동산 시세 및 닛케이 지수 추이

일본 부동산 시세

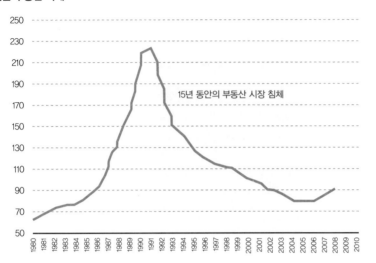

15년 동안의 부동산 시장 침체

일본 닛케이 225 지수

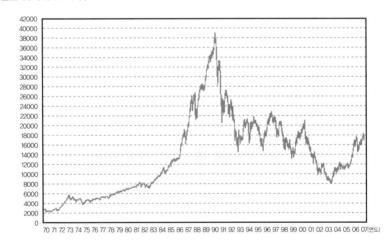

• 출처 : 일본은행

평가절상으로 일본 수출 기업들의 이익이 줄어들기 시작했고, 부실채권이 늘어나고 있는 점을 파고든 것이다. 이 상품은 일본에서 큰 인기를 끌었고, 너도나도 은행에서 돈을 빌려 해당 금융 상품에 투자했다. 동시에 미국에서도 닛케이 지수가 폭락하면 큰돈을 버는 상품이 날개 돋친 듯 팔려나갔다. 불과 한 달 만에 일본 증시는 완전히 무너졌다. 저금리로 대출 받은 자금이 주식 시장에 유입되어 오랫동안 생긴 버블이 터졌기 때문이다. 그 여파로 부동산 시장도 함께 붕괴되었다. 엎친 데 덮친 격으로 미에노 야스시三重野康 일본은행총재가 부동산 거품을 잡기 위해 금리를 올리는 긴축 정책을 고수하면서 복합적인 불황의 늪에 빠지고 말았다.

1990년 도쿄의 집값은 5년 전보다 2.4배 높았다. 그러나 5년 후 30% 정도 하락했고, 1998년에는 1991년 대비 80%가 떨어졌다. 금융기관들의 담보 가치 부실화로 대출은 줄고 회수는 증가하면서 기업들이 줄도산하는 등 악순환이 이어졌다.

주식과 부동산 버블이 터지면서 일본의 자산 가격은 폭락했고, 엔고 현상 때문에 수출 경쟁력이 하락했다. 일본의 기업들은 생존을 위해 공장을 해외로 이전했고, 심각한 산업 공동화 현상을 겪었다. 실업자가 늘어났고 소득이 감소함으로써 소비는 줄어들고, 소비가 줄어드니 다시 실업자가 늘어나는 악순환의 늪에 빠졌다. '잃어버린 20년'의 시작이었다.

절반의 성공 아베노믹스

일본 경제의 발목을 잡은 가장 큰 문제는 무엇인가? 전문가들은 '잃어버린 20년의 늪에서 허우적거리는 경제'와 '단명에 끝나는 정치 리더십'을 꼽았다. 이 악순환을 끊어버린 것이 '아베노믹스'이다.

'실패는 성공의 어머니!'라는 말은 아베 총리에 해당되는 격언이다. 2006년 1차 총리 시절에 실패를 맛본 아베는 2012년 '디플레이션 탈출과 지속적인 경제 성장 실현'이라는 구호를 내걸고 재집권에 성공해 개혁에 착수했다. 아베노믹스로 불리는 세 개의 화살 '금융 완화, 재정 확대, 구조 개혁'을 제시하며 그는 '일본의 부흥'을 외쳤다. 대표적인 금융 완화 정책으로는 '제로 금리'와 중앙은행이 채권을 직접 매입하는 '헬리콥터 머니'가 있었다.[30]

두 번째 화살은 파격적인 재정 정책이다. 아베 정부는 공공사업 확대, 긴급 경제 대책, 그리고 지역 활성화를 위해 연평균 10~20조 엔을 쏟아부었다. 정부 지출을 대폭 늘려간 것이다. 세 번째 화살은 '구조 개혁을 통한 일본 경제의 신성장 전략 마련'이다. 경제의 체질 개선을 말한다. 2013년 '산업경쟁력강화법'이 제정되고 2014년 '회사법'이 개정되면서 추진력을 얻었다. 산업경쟁력강화법, 일명 '원샷법'에는 기업의 사업 재편이나 신사업 진출이 원활하게 이루어지도록 돕는 각종 방안이 담겼다. 규제완화를 위한 '기업실증특례', '샌드박스 제도' 등을 통해 규제로부터 자유로운 지역과 산업을 정했다.

일본은 신성장 전략을 위한 3대 방안으로 ①기업 지배구조 개혁과 민간투자 활성화 등 산업 재생, ②의료, 보건, 농업, 관광 분야 등 전략 산업 육성, ③일본 기업의 해외 진출과 해외 플랜트 수주 등 글로벌 시장 개척 분야를 제시했다. 과감하게 체질을 개선하는 산업 개혁 전략이다. 아베 정권은 세 개의 큰 화살 외에도 무수히 작은 화살을 쏘아대고 있다. 한 예로 일본 경제에 활력을 불어넣는 금융·세제 정책이 있다. 2013년 '소액투자비과세제도NISA'를 도입해 소득 제한 없이 20세 이상에게 연 100만 엔(약 900만 원)까지 비과세 혜택을 주고 있다. 2014년 계좌 수가 825만 개를 돌파하면서 가입 금액은 3조 엔 규모로 성장했다. 일본은 경

아베노믹스 로드맵

연도	추진 계획	재정 및 기대
2013~2014	3개의 화살 : 금융 완화, 재정 확대, 구조 개혁	본원 통화 100% 확대 재정사업 확대
2015	저출산 대책 본격화	결혼, 출산, 육아 중심
2016	성장 전략	집중 개혁 본격화
2017~2018	집중 개혁 지속	소비세 8~10% 인상
2019	주요 개혁 성과 가시화	경상수지 확대
2020	도쿄올림픽 개최/ 재정수지 안정화	재정 적자 GDP 대비 1%

• 출처 : 일본 내무성, 재무성

제만 살릴 수 있다면 모든 수단을 동원한다. '규제 리뷰' 제도를 도입해 기업에 대한 규제 철폐에도 적극적이다. 또 모든 규제를 5년마다 한 번씩 원점에서 재검토해 기업의 활력을 떨어뜨리는 제도를 과감하게 철폐하겠다고 발표했다.

아베노믹스에 대한 평가는 대체로 비슷하다. 필자가 2018년 9월 일본에서 만난 〈아사히신문〉 전 주필이자 일본재건위원회 이사장인 후나바시 요이치船橋洋一는 "단기적으로는 성공적이라고 평가할 수 있으나, 장기적으로 후손에게 재정 부담을 지우는 문제가 있다"고 평가했다. 게이오대학교의 소에야 요시히데添谷芳秀 교수는 "청년 일자리가 늘어나고 기업의 경쟁력을 높인 것에는 높은 점수를 줄 수 있으나, 장기적으로 재정 부담과 부채 부담이 국가 경제에 먹구름을 몰고 올 수 있다"고 말했다.

기업의 부활과 노모즈쿠리

아베노믹스 효과로 일본 경제에 다시 활기가 돌아왔다. 많은 기업이 큰 이익을 내고, 완전 고용에 가까울 정도로 젊은 층의 일자리가 크게 늘었다. 토요타와 화학 기업 도레이 사의 부활이 상징적인 사건이다.

2008년 금융위기로 기업의 존폐 위기를 겪었던 토요타는 2008년 4,610억 엔(약 5조원)에 가까운 적자를 냈고, 2009~2010년에는 주력 시장인 미국에서 대규모 리콜 사태가 벌어지며 판매가 급감했다. 창업자의 손자인 토요타 아키오豊田章男회장은 품질 회복을 통해 부활을 이끌었다. 2018년에 사상 최대의 매출을 올렸고, 영업이익(1조 2,681억 엔)은 전년도 대비 15% 증가했다.[31] 이는 같은 기간 영업이익률이 2%대에 머물며 실적 쇼크를 낸 현대·기아차와 대조적이다.

1999년 창사 이래 첫 적자에 빠졌던 도레이는 혁신을 통해 2015년에 매출 2조 엔을 넘어섰다. 전년 대비 매출과 영업이익이 각각 8.5%, 46.4% 상승하며 기록 경신을 이어가고 있다. 미국 보잉 사와 1조 3,000억 엔(약 12조 2,200억 원) 규모의 탄소섬유 납품 계약을 체결하면서 화려한 부활을 예고했고, 유니클로와 개발한 특수 소재 의류 '히트텍'이 히트하면서 과거의 영광을 되찾았다.

일본의 제조 기업들은 미래를 준비하는 일에 여념이 없다. 호황기인 요즘은 설비와 연구개발 투자에 적극적이다. 일본 기업들의 설비 투자 증가율은 2015년 24.2%로 1995년 이래 가장 높다. 2010년에서 2014년 사이에 -8.4~5%에 머물렀던 것과 크게 비교된다.

미쓰비시 항공기는 1,800억 엔을 들여 나고야에 비행기 생산 공장을, 도레이는 1,000억 엔 규모의 탄소섬유 공장을 새로 설립한다. 또한 일본 산업계는 미쓰비시 사가 완성한 비행기 'MRJ(Mitsubishi Regional Jet)의 첫 비행'이라는 빅 프로젝트를 성공적으로 치렀다. MRJ는 78석, 92석으로 된 두 종류의 중형 항공기이다. 이를 두고 언론들은 '일본 실지失地 회복 프로젝트'라고 부른다. 세계에서 민간 항공기를 만드는 나라는 미국, 독일·프랑스, 중국뿐인데, 일본이 민간 항공기를 만들어내면서 제조업 강국의 면모를 보여준 것이다. 이는 '잃어버린 20년'에서 벗어나 부활하고 있는 일본 제조업을 상징하는 사건으로 꼽힌다. 아베 정권이 일본 국민들로부터 지지를 받고 있는 가장 큰 이유는 역시 '경제 회복'이다.

일본 전문가들은 아직 일본의 제조업이 세계 최고 수준이라고 주장한다. 경제학자 모타니 고스케藻谷浩介는《일본 디플레이션의 진실》이라는 책에서 "일본은 제조업을 기반으로 지속적인 수출을 통해 무역흑자를 낸다"고 말한다. '글로벌 경제 승자'라고도 표현한다. 그는 "일본 경제의 '잃어버린 20년'이라는 표현은 과장된 것"이라며 비판한다.[32] 일본 제조업의 분석 전문가인 도쿄대학교 경제학과의 후지모토 다카히로藤本隆宏 교수도《모노즈쿠리》에서 비슷한 주장을 한다. 즉 일본 제조업의 국제 경쟁력은 아직 탄탄하다는 분석을 내놓았다.[33] 필자가 일본 현장에서 본 소감은 일본 경제가 부활하고 있었다.

독일에 '마이스터'라는 제도가 있다면 일본에는 '모노즈쿠리物作'라는 특유의 장인 정신이 있다. 일본이 산업 강국으로 도약할 수 있었던 원천의 힘은 일본 특유의 '모노즈쿠리' 파워에 있다고 해도 과언이 아니다. 모노즈쿠리란 물건을 뜻하는 일본어 '모노物'와 만들기를 뜻하는 '즈쿠리作'가 합쳐진 용어로 '혼신의 힘을 쏟아 최고를 만든다'는 뜻이다. 최고의 기술과 제품을 만드는 원동력이 일본 경제의 토대가 되고 있는 것이다. 모노즈쿠리의 힘은 노벨상에서도 나타나고 있다. 제2차 세계대전부터 2018년까지 일본은 비非서양 국가 중에서 27명이라는 가장 많은 노벨상 수상자를 배출했다. 자연과학 부문에서 국가별로 보자면 일본은 미국에 이어 세계 2위에 올랐다. 특히 2000년부터 해를 거르지 않고 눈부신 업적을 내고 있다. 경제학상을 제외한 모든 분야를 석권한 셈이다. 일본이 과학 분야의 노벨상을 휩쓰는 비결로, 남의 시선을 의식하지 않고 자신이 좋아하는 분야에 매진하는 일본인 특유의 '한 우물 파기' 장인 정신을 꼽는다. 즉 모노즈쿠리를 말한다. 기본적으로 일본은 모노즈쿠리라는 장인 정신으로 무장하고 있는 데다가 최고의 과학자들이 힘을 합쳐서 과학기술과 산업 경쟁력을 이끌어가고 있다.

일본의 과제 : 고령화, 4차 산업혁명, 중국의 부상

2018년 9월 첫 주에 일본을 방문해 다양한 싱크탱크 연구원과 학자들, 기업인, 언론인들을 만났다. "일본이 당면한 가장 큰 문제점이 무엇인가"라는 질문에 후나바시 요이치는 '인구 절벽', '4차 산업혁명 준비 미흡', '중국의 부상', 이 세 가지라고 답했다. 이는 갈라파고스 현상과 무관하지 않다.[34]

먼저 일본은 '소자고령화少子高齢化' 사회이다. 신생아는 줄어들고 노인은 많아져 인구가 급감하고 있다. 2018년 일본 총무성이 발표한 인구 동태 조사에 따르면 일본의 총인구는 약 1억 2,000만 명으로 9년 연속 감소하고 있다. 생산 가능 인구 비중이 처음으로 60% 아래로 떨어졌다. 게다가 일자리 호황이 맞물리면서 일손 부족 현상은 갈수록 심각해지고 있다. 그동안 일본은 미국이나 유럽처럼 이민자를 받아들이지 않았는데, 최근 들어 일본의 만성적인 구인난을 외국인들이 빠르게 메우기 시작했다.

아베 총리는 부족한 일자리를 채우기 위해 특단의 조치를 단행했다. 2018년 12월 10일 '출입국관리법' 개정안을 통과시킨 것이다. 새로운 체류 자격을 신설하는 것이 골자로 농업, 어업, 항공업, 숙박업 등 14개 업종에서 향후 5년간 최대 34만 5,000여 명의 외국인 노동자를 받아들이겠다는 내용이다. 이를 두고 일본 언론들은 "일본 사회의 형태를 바꾸게 될 법"〈니혼게이자이〉, "역사적 전환"〈지지통신〉이라며 "이민 국가로 정책을 전환했다"고 해석했다.[35] 그동안 소수의 고급 인력에게만 부여하던 영주권을 단순 작업 노동자에게도 주기로 한 것이다. 이번 조치로 만성적인 인력난을 해소할 수 있을지 확신할 수 없어, 이에 대한 평가는 아직 유보적이다.

또 다른 문제점은 4차 산업혁명에 대한 준비가 미국, 독일, 중국 등 경쟁국에 비해 늦었다는 것이다. 특히 독일의 '인더스트리 4.0'이나 중국의 '중국 제조 2025'에 비해 일본의 국가 전략이 체계적이지 못하다고 비판을 받고 있다. 아베 정권은 2020년 도쿄 올림픽을 일본 부활의 계기로 삼겠다는 계획을 마련했다. 이른바 '일본 2020 전략'으로,[36] 5대 산업 분야(차세대 교통 시스템·자율주행차, 에너지·환경, 첨단 로봇 기술, 헬스케어·의료 서비스 기술)에 적극적으로 투자한다는 계획이다.

마지막으로 중국 굴기에 대한 두려움이다. 중국은 일본을 제치고 미국과 경쟁하는 G2로 부상했다. 또한 일본은 중국과의 센카쿠 분쟁뿐 아니라, 일본 상품 불매와 방화 사건 등 일본에 대한 거친 민족국가주의의 발로를 경험했다. 최근에는 중국이 '중국해 분쟁' 등 동아시아의 패권 야욕을 노골적으로 표출하면서 일본으로서는 대응 전략이 필요한 시점이다.

군사적으로 미국에 의존하는 일본은 중국 굴기에 대응하고자 '군사 대국'을 추구하고 있다.

전쟁 가능한 국가를 향해

일본의 근현대를 이해하는 열쇠는 메이지 유신에 있다. 그것은 1853년 미국 페리 제독의 흑선이 일본에 개항을 요구한 데서 출발한다. 지방의 토호와 막부들은 천황에게 권력을 선사했고, 국가 개조 작업에 착수했다. 아시아 국가 중에서 처음으로 정치·군사·경제적으로 근대화와 서구화를 단행한 것이다. 일본은 부국강병 정책을 채택하면서 아시아 최초의 근대적인 민족국가를 건설했다. 이는 동아시아의 패권 국가로 도약한 것을 뜻한다.

　일본에서 손꼽히는 메이지 유신 권위자인 도쿄대의 미타니 히로시三谷博 명예교수는 "일본의 미토 번에서 불을 붙인 '존왕양이尊王攘夷(왕을 숭상하고 오랑캐를 물리침)'는 서양과 한 번은 전쟁을 해야 했다"고 말한다. 일본은 전쟁으로 현실에 눈을 떴고, 이를 통해 일본 사회를 개조한 것이다. 또한 메이지 유신은 서양을 배척하는 것이 아니라 일본 국내 개혁의 도화선에 불을 붙이기 위해 폭탄을 떨어뜨리는 전략이었다. 그만큼 일본의 리더들은 영악했다.[37] 덧붙여 그는 청일전쟁을 계기로 "제국주의가 '우리 경제력이나 군사력으로는 무리'라고 생각했다가 힘이 쌓이면서 군인들을 중심으로 '할 수 있겠다'고 판단이 바뀐 것 같다"고 설명한다. 일본은 부강해진 국력을 제국주의와 식민지 개척에 이용했다.

　그러나 한반도 및 중국 침략에 이어 독일과 연합하여 제2차 세계대전에서 미국에 선전포고를 했지만 결과는 패배였다. 1945년 인류 최초로 사용된 핵폭탄은 일본인에게 큰 충격을 안겨주었다. 그리고 핵에 대한 트라우마는 일본인 정서에 큰 흔적을 남겼다. 일본이 북핵에 대해 아주 예민하게 반응하는 배경이기도 하다.

제2차 세계대전 이후 미국에 의해 일본의 국가 개조가 이루어졌다. 아시아에서 처음으로 민주주의와 시장경제가 정착되었다. 재벌은 해체되고 초토화된 국가를 재건하는 데 성공했다. 일본은 냉전, 특히 한국전쟁의 최고 수혜 국가로서 급속한 경제 성장을 이룩했다. 한국전쟁 물자 제공의 기지로 전쟁 특수를 누린 것이다. 냉전 시대에는 미국의 진영에 편입되었다. 이후 미일 관계는 가장 돈독하고 특수한 동맹으로 발전했다. 동아시아에서 대한민국과 더불어 소련과 중국에 대항하는 반공 전선의 선봉에 선 것이다. 일본에게 미일 동맹은 국시나 다름없었다.

최근 중국의 부상과 북한의 핵미사일 실험, 미국의 외교안보 정책의 변화는 일본이 유연한 전략을 펴도록 유도하고 있다. 페리 제독의 흑선이 일본을 개조시키는 도화선 역할을 했듯이, 오늘날 외세의 움직임이 일본으로 하여금 우경화와 동시에 전략적 변화를 꾀하게 하고 있다. 우경화를 상징적으로 보여주는 현상이 아베 총리의 장기 집권이다. 일본 국민들은 아베 총리의 우경화에 지지를 보내고 있다. 그는 '전후 체제로부터의 탈각'과 '역사수정주의'의 관점에 서 있다.[38] 특히 센카쿠 열도를 둘러싼 중국과의 갈등, 중국의 국수주의, 북한의 핵미사일 실험은 일본을 더욱 우경화로 이끌었다.

우경화의 종착점은 개헌이다. 2012년 총리직에 오른 아베는 개헌으로 2021년에 끝나는 총리직의 마침표를 찍으려고 한다. 앞서 집단적 자위권을 행사할 수 있는 헌법 9조의 해석을 밀어붙였다. 집단 자위권이란 일본 평화헌법 9조를 광의로 해석해 '전쟁을 위해 해외에 자국 군대를 파견할 수 있는 권리'를 말한다. 한반도에 자위대를 파견하고, 중국 등 주변국과 전쟁을 할 수 있는 법적 조건을 만들어낸 것이다.

'아메리카 퍼스트'라는 미국 외교안보 전략의 변화로 일본과 중국은 새로운 관계 모색에 나섰다. 또한 아베 총리는 북한의 일본인 납치 문제로 결렬되었던 북일 관계에 새로운 돌파구를 마련하기 위해 노력하고 있다. 트럼프 행정부가 여러모로 미일 관계와 동아시아 외교안보 전반에 영향을 미치고 있다.

한편 한일 관계는 아직 역사에 발목이 붙잡혀 있다. 위안부 문제, 징용 판결 문제 등으로 더욱 악화되고 있는 형국이다. 국민대 이원덕 교수를 비롯한 전문가들은 "동아시아에서 북미 관계의 획기적인 변화가 일본 외교안보 정책에도 전략적 유연성을 가져올 것"으로 전망한다. 한반도 문제가 아직은 난제이지만, 어쩌면 동아시아 새 질서의 구심력으로 작용할 수도 있다.

패권 국가에 대한 향수

왜 푸틴에 열광하는가

"만국의 노동자여 단결하라! 그들이 잃을 것은 쇠사슬뿐이고 얻을 것은 세계 전부이다."

카를 마르크스Karl Marx가 쓴 《공산당 선언》의 마지막 문장이자 자신의 묘지에 새긴 문구다. 마르크스는 《자본론》에서 자본주의가 성숙한 국가에서 사회주의 혁명이 일어날 것이라고 전망했다. 하지만 그의 예측은 보기 좋게 빗나갔다. 1917년 유럽 동쪽의 농촌 국가 러시아에서 레닌의 사회주의 혁명이 일어났다.

혁명의 불씨는 1905년 러일전쟁에서의 패배 이후 경제가 어려워진 틈을 타 일어났다. 노동자와 농민들은 '빵과 평화'를 위해 개혁 청원서를 가지고 차르 니콜라이 2세를 만나러 궁전으로 향했다. 하지만 그들에게 돌아온 것은 군대의 총탄 세례였고, 이후 이들은 반反차르 대열에 섰다.

제1차 세계대전 당시 니콜라이 2세는 600만 명이 넘는 군대를 파견했다. 굶주림에 시달리던 노동자, 병사, 농민들은 '소비에트'를 만들어 "차르 타도"와 "전쟁 반대"를 외치면서 시위했다. 이들이 진압 명령을 거부하고 시위대에 참여하자, 결국 니콜라이 2세는 퇴진하고 '러시아 공화국 임시정부'가 들어섰다. 임시정부가 개혁을 주저하는 사이에 레닌과 볼셰비키 당은 임시정부를 몰아내고 정권을 잡았다. 1917년, 마침내 세계 최초의 사회주의 국가가 출범했다.

1922년에는 러시아 소비에트 사회주의 공화국을 중심으로 15개 공화국이 모여 '소비에트 사회주의 공화국 연방'을 수립했다. 스탈린은 국유화, 계획경제 정책을 펼쳤다. 정적을 제거하고 인권과 자유를 억압하는 과정에서 수천만의 사람이 죽어가는 전형적인 전체주의의 모습이 펼쳐졌다. 평등이라는 사회주의 이상은 사라진 채 '노멘클라투라nomenklatura'라는 특권층이 형성되었다. 독재 정치는 살아 있었으나 경제는 무너져갔다. 새 역사를 위한 이상은 물거품이 되었다. 고르바초프 서기장은 개혁·개방을 단행하며 경제를 살려보려고 했으나 성공하지 못했다.

"부유하되 가난하고, 강력하되 나약한 러시아가 등장한 것이다."

이것은 러시아 전문가이자 기자인 월터 라퀴Walter Laqueur가 자신의 저서 《푸티니즘Putinism》에서 소련의 해체를 가리켜 사용한 문장이다.[39] 러시아인들은 가난하고 힘이 빠진 러시아를 다시 부강하게 만들기를 원했다. 고르바초프에 이어 집권한 옐친Boris Yeltsin이 친미 정책으로 미국에 이용만 당하자 러시아에서 다시 민족주의가 맹위를 떨치게 되었다.

1998년 푸틴이 대통령이 되었을 때 러시아는 혼란에 빠져 있었다. 국정도 경제도 제 기능을 하지 못했다. 하지만 2000년대 원자재 가격 급등은 푸틴에게 행운을 안겨주었다. 1998년 디폴트 상황에까지 내몰렸던 러시아 경제는 푸틴 대통령이 집권한 10년 동안 연평균 7%의 성장률을 기록했다. 경제가 부활했고 새로운 중산층이 생겨났다. 침몰 직전의 러시아가 미국과 군사적으로 어깨를 나란히 하는 강대국으로 다시 부활한 것이다. 그 중심에 푸틴의 차르 리더십이 있었다. 러시아 국민들은 푸틴에게 열광하기 시작했다. 푸틴이 장기 집권을 할 수 있는 배경에는 경제난과 정치적 혼란에 빠진 러시아의 안정을 원하는 국민들의 신뢰가 있었다. 러시아 국민들은 자유와 민주주의보다는 안전과 빵을, 그리고 세계 최강 대국의 자부심을 원한 것이다. 푸틴 대통령은 이를 만족시키는 데 성공했다. 이렇게 국가자본주의적 독재 정치인 푸티니즘이 탄생하게 되었다.

"푸티니즘은 국가자본주의적이고 자유주의 경제 정책일 뿐 아니라 국가의 엄청난 개입 정책이다."[40]

푸티니즘을 구성하는 가장 중요한 요소는 반反서구주의를 동반한 국가주의라고 할 수 있다.

패권의 노스탤지어

러시아만큼 과거의 역사에 대한 향수가 짙은 나라도 없을 것이다. 러시아는 어떤 나라였는가? 19세기 세계 최강인 대영제국과 함께 유라시아의 패권을 두고 '그레이트 게임'을 벌였고, 냉전 시대에는 미국과 어깨를 나란히 하며 세계를 호령했다. 그랬던 나라가 소련의 붕괴와 함께 위성국가들이 떨어져나가는 수모를 겪었고, 푸틴 대통령하에서 부활하는가 싶더니 다시 경제 위기를 맞고 있다.

오늘날 러시아인들의 심리를 잘 보여주는 영화가 있다. 1983년에 안드레이 타르콥스키Andrei Tarkovsky가 연출한 〈노스탤지어〉인데, 18세기 러시아 출신의 작곡가 파벨 소스놉스키Pavel Sosnovsky의 궤적을 더듬어 이탈리아를 방문한 한 시인의 체험담을 그린 영화이다. 러시아 시인이 유학 시절에 살았던 이탈리아의 토스카나 지방을 재방문해 거기서 겪은 이야기가 배경이다. 당시 소련 당국의 감시 속에서 외국으로 떠돌아야 했던 타르콥스키가 고향에 대한 향수를 담은 것이기도 하다. 영화는 1983년 칸 영화제에서 '타르콥스키 르네상스'라는 찬사와 함께 심사위원 특별상을 받기도 했다. 이 영화에는 차르 제국과 구소련의 패권에 대한 러시아인들의 향수가 엿보인다.

하지만 현실은 냉혹하다. 경제는 불황이고 급격하게 저출산·고령화 사회로 접어들고 있다. 성장 동력과 유가는 함께 곤두박질치고 있다. 푸틴 대통령이 연금 개혁을 밀어붙였지만 국민들의 심한 저항에 부딪혔다. 그럼에도 연금 개혁을 밀어붙일 수밖에 없는 상황이다. 다시 세계 정세가 요동치는 상황에서, 서울대 한정숙 교수는 "러시아의 미래는 결국 경제에 달려 있다"고 말한다. 여느 나라와 마찬가지로 결국 러시아도 경제에 미래가 달려 있다는 지적이다.

유라시아 제국의 부활

러시아는 유럽에서 동아시아에 이르는 세계에서 가장 광활한 영토를 가진 나라이다. 러시아에게 팽창 전략은 새로운 것이 아니다. 러시아의 유럽 평원을 향한 눈길과 중동과 동아시아 부동항에 대한 욕망에는 뿌리 깊은 역사가 있다. '강한 러시아의 부활'을 내걸고 2018년 대통령 선거에서 재선에 성공한 푸틴은 유라시아 대륙에서 맹위를 떨쳤던 러시아의 위상을 복원하는 데 심혈을 기울이고 있다. '강한 러시아'의 두 축은 군사력에 의존한 외교안보와 경제이다. 외교안보에서는 중국과 손을 잡아 미국을 견제하고, 중동에서도 터키, 이란, 시리아와 동맹 관계를 유지하며 미국에 우호적인 아랍국들과 대치하고 있다.

2014년 크림반도 침공과 러시아계 자치령이던 우크라이나의 세바스토폴이 주민 투표로 러시아와의 합병을 결의한 것은 자존심 상한 러시아인의 사기를 높이는 데 일조했다. 푸틴 대통령은 두 지역을 합병해 러시아 영토로 선포했다. 강한 러시아의 힘을 보여준 것이다. 또한 러시아는 남유럽과 중동에서도 영향력을 키워가고 있으며, 중국과 한반도가 있는 동방으로의 진출도 모색하고 있다. 한국외국어대 러시아학과 김석환 교수는 "푸틴 대통령이 심혈을 기울이고 있는 동방 경제 정책은 경제나 인구 면에서 낙후된 극동 지역을 방치할 경우 장기적으로 경제가 중국에 종속되고, 이는 결국 안보 문제까지 연결될 수 있다는 위기감에서 시작된 것"이라고 설명한다. 김 교수는 또 "미·중·러가 때로는 안보 차원에서, 때로는 경제 차원에서 상황에 맞게 파트너를 바꿔가며 2인 3각 경주를 해오고 있다"고 평가한다.

유라시아 제국의 부활을 꿈꾸는 러시아의 의지는 푸틴의 발언에서도 찾을 수 있다. 그는 2005년 4월 의회 연설에서 "소련의 붕괴는 20세기 최악의 지정학적 재앙으로 수천만 명의 러시아인들이 소련 바깥으로 밀려난 극적인 사건이었다"면서 "오늘날 러시아의 자리는 우리가 얼마나 성공적이고 강하냐에 따라 결정될 것"이라고 말했다. 강한 러시아의 회복을 주문한 것이다.

광활한 땅을 소유한 러시아는 지정학적으로 위기와 기회를 동시에 갖고 있다. 먼저 가난하고 척박한 땅이기에 안보에 유리하면서도 불리할 수 있다는 지적이다.[41] 또 러시아는 3대 문명권인 유럽, 중동, 동아시아 문화권과 직접적으로 연결되어 있다. 따라서 지정학적으로 대처하기에 유리할 수도, 어려울 수도 있다는 역사적 경험을 가지고 있다.

여전히 군사 대국

푸틴 대통령의 야망은 천하 질서를 러시아, 미국, 중국 중심으로 삼분하는 것이다. 이를 위해 러시아는 군사 대국으로 다시 부활하기 시작했고, 군사력으로는 아직도 중국보다 강한 2위의 강국이다.

최근에는 37년 만에 유럽에서 극동아시아에 이르는 방대한 대규모의 군사 훈련 '보스토크 2018'을 실시했다. 러시아 전 병력의 3분의 1가량인 30만 명 이상이 동원되었고 1,000여 대의 전투기와 북해 함대, 태평양 함대도 참여했다. 이것은 푸틴 대통령이 직접 참관한 행사였다. 드미트리 페스코프Dmitry Peskov 크렘린 궁 대변인은 "우리에게 상당히 공격적이고 비우호적인 현재 국제 정세에서 우리의 군사적 능력을 확실히 할 필요가 있다"고 훈련 목표를 설명했다.[42]

러시아 '보스토크 2018' 훈련에는 중국과 몽골 군대도 참여했다. 중국군의 병력 3,200여 명과 전투기 및 헬기 30여 대, 각종 장비 900여 대 등이 동참했다. 이것은 순전히 미국과 일본을 겨냥한 훈련이었다. 러시아는 또 훈련 기간 동안 북부 플레세츠크 기지에서 1만 2,000km 떨어진 극동 캄차카반도를 향해 신형 핵탄두를 탑재한 대륙간탄도미사일ICBM을 발사 시험했다. 일각에서는 중국과 러시아가 핵 공격 모의 연습을 실시했다는 관측도 나왔다.

이에 대한 반응으로 트럼프 대통령은 냉전 시대에 체결한 중거리핵전략조약(Intermediate-Range Nuclear Forces Treaty, INF) 탈퇴를 선언했다. INF는 미국의 로널드 레이건 대통령과 소련의 미하일 고르바초프 공산당 서기장이 1987년에 맺은 조약이다. 사거리가 500~5500km인 중·단거리 탄도·순항 미사일의 생산, 실험, 배치를 전면 금지하는 내용이 골자로, 냉전 시대 군비 경쟁을 종식한 조약으로 평가된다. 푸틴 대통령은 "미국이 INF를 일방적으로 탈퇴해 무기 개발을 시작하면 러시아도 똑같이 대응할 것"이라고 맞받았다.

유럽은 트럼프의 주장에 동조하고 있다. NATO는 성명을 내고 "러시아가 INF를 위반하고 유럽·대서양 안보에 중대한 위협을 가하는 9M729 미사일을 개발·배치했다"면서 "러시아가 즉각 검증 가능한 조약 준수 상태로 돌아와야 한다"고 말했다. 미·유럽 대 러시아 간 신군비 경쟁으로 돌입할 가능성이 높아졌다.

경제가 발목을 잡다

2016년 미국의 〈워싱턴포스트〉지는 "푸틴에게 2016년은 승리의 해였지만 러시아가 슈퍼 파워가 되기에는 한계가 있다"고 분석했다.[43] 애국심 마케팅과 군사력만으로는 세계 패권 국가가 되기에 무리가 있다는 지적이다.

푸틴은 비록 과거 소련만큼의 세계 패권을 기대하지는 않지만, 그렇다고 옐친 시대같이 미국과 서방에 무작정 당하지는 않겠다는 결연한 의지를 표명하고 있다. 게다가 미국을 상대하기 위해 어떤 전략이 필요한지 누구보다 잘 알고 있다. 과거 제국의 DNA가 살아 있기 때문이다. 푸틴 대통령은 미국의 영향력 감소와 러시아의 사활적 이익 확대에 목숨을 걸고 있다. 그러나 21세기 차르로 불리며 굳건한 지지 기반을 자랑하던 푸틴 대통령의 바람과 다르게 지지율이 급락하고 있는 실정이다. 가장 큰 이유는 서방 국가의 경제 제재로 경제난이 계속되는 가운데 연금 개혁을 단행하다가 국민들의 거센 저항에 부딪혔기 때문이다. 러시아 정부는 2018년 6월 남성의 은퇴 연령을 60세에서 65세로, 여성은 55세에서 63세로 점진적으로 늘리겠다는 연금 개혁안을 발표했다. 그러나 시민들은 정부가 제시한 안에 거세게 반발하고 있다.

인구 문제도 심각하다. 많은 현대 국가처럼 러시아도 저출산, 고령화 문제로 골머리를 앓고 있다. 1억 4,000만 명에 달하는 인구는 2040년에 1억 2,000만 명으로 줄어들 전망이다. 게다가 전문 기술 인력의 감소도 무시하지 못할 문제이다.

가장 큰 걸림돌은 미국의 경제 제재이다. 트럼프 대통령이 유럽으로 전송되는 러시아 석유·가스 프로젝트를 제재하고, 이에 동참하도록 유럽 국가들을 압박하고 있다. 러시아 최고 경제 전문가인 알렉세이 쿠드린Alexei Kudrin 감사원장 역시 "러시아 경제가 심각한 정체 국면에 빠졌다"고 진단했다.[44] 그는 "우리는 최근 10년간 약 1%대의 경제 성장률 속에 살고 있다. 러시아 역사에서 제2차 세계대전 이후로 우리가 10년 동안이나 이렇게 낮은 성장률 속에서 지낸 적은 처음"이라고 경고했다. 또한 그에 따르면 2018년에 유가가 두 배로 올랐음에도 성장률 저하 추세는 멈추지 않고 있으며 그동안 러시아 경제 성장의 주된 동력이었던 석유 대신 다른 드라이브가 필요한 상황이다.

〈연합뉴스〉 러시아 특파원인 유철종 박사는 "2000년대 후반부터 성장 동력을 잃어가던 러시아 경제는 2014년 우크라이나 사태 이후 서방의 대러 제재가 본격화되면서 심각한 어려움을 겪고 있다"고 설명했다. 러시아 중앙은행에 따르면 러시아의 GDP는 지난 2015년 -2.8%, 2016년 -0.2%의 역성장을 기록했다. 러시아 경제는 3년 만인 2017년에 처음으로 플러스 성장으로 돌아섰지만, 향후 몇 년 동안은 2%대 이상의 성장률을 이루기 힘들다는 것이 대다수 전문가의 전망이다.

유 박사는 또 "첨단산업 개발과 현대화된 인프라 구축으로 새로운 성장 동력을 만들어야 하지만 석유·가스 수출 수입이 국내총생산의 23%, 재정 수입의 36%(2016년 기준)를 차지하는 자원 수출 의존형 경제 구조를 현 상황에서 성공적으로 개혁하기는 쉽지 않다"고 지적한다. 과연 푸틴 대통령은 어떤 대안을 찾아낼 것인가?

2장
국가 전략과
패권 경쟁

1. 미국 : 미국 우선주의와 신중상주의

2. 중국 : 중국몽과 중국 특색 사회주의

3. 일본 : 미국의 영향력에서 벗어나 '팍스 니포니카'로

4. 러시아 : 뉴 그레이트 게임과 신동방 정책

NEXT WORLD & KOREA

미국 우선주의와
신중상주의

아메리카 퍼스트

"트럼프가 미국에서 경제와 외교안보에서 성공적 인 업적을 이룬 로널
드 레이건 대통령의 길을 갈 수도 있다."

2016년 미국 대선 다음 날에 평소 알고 지내던 독일 정치학자가 필자
에게 한 말이다. 1980년 레이건이 공화당 후보로 대선에 출마했을 때 수
많은 지식인들과 언론은 "영화배우 출신이 대통령직에 도전한다"고 비
판했지만, 현직 대통령 지미 카터를 압도적인 차로 누르고 당선되었다.
당시 레이건의 슬로건은 '위대한 미국'이었다. 그는 취임 초기에 경제 회
복을 위한 프로그램인 '레이거노믹스Reaganomics'로 소득세 감세, 규제 완
화 정책을 폈다. 세출을 줄이면서 복지도 축소했다. 이른바 '신자유주의'
정책의 시작이다. 대외적으로는 군사력을 바탕으로 평화를 표방하면서
도 한편으로는 국방비를 늘리며 소련의 고르바초프 서기장과 INF에 서

명했다. 그의 재임 기간에 미국 경제는 좋아졌고, 소련은 무너졌다.

트럼프는 '다시 위대한 미국의 건설'을 선거 슬로건으로 내세웠다. 그는 법인세 인하, 규제 완화 등 레이건과 유사한 정책을 공약으로 제시했고 착실하게 실행에 옮기고 있다. 선거 기간 동안 그는 미국 주류 정치계의 이단아로서 파격적인 행보를 보였다. 불만에 가득 찬 백인 노동자들의 마음을 사로잡는 언행과 선동으로 대통령 자리를 거머쥔 것이다. 고려대 최장집 교수는 트럼프 대통령의 당선을 두 가지 측면에서 "극우적·보수적 요소와 진보적 요소가 혼재되어 있다"고 평가한다.[45] 여기서 극우적·보수적 요소 두 가지를 살펴보면 다음과 같다.

먼저 트럼프 대통령은 미국이 만들었다고 자랑하는 자유무역의 질서를 뒤집기 시작했다. 글로벌 자유무역이 미국 중산층의 일자리 감소, 전통적 제조업의 몰락을 가져왔고 미국 경제와 미국인의 생활을 악화시켰기 때문이라고 한다. 한국과 FTA 재협상을 맺고 중국, 유럽에서 수입되는 제품에 관세를 부과하는 등 자유무역과 반대되는 보호무역을 내세우고 있다. 또 다른 하나는 미국의 '세계 경찰' 역할을 축소하여 재정 부담을 줄일 뿐 아니라 동맹국들에게 방위 부담을 전가하는 전략을 펴는 것이다. 트럼프 대통령은 공약대로 한국, 유럽, 일본 등에 방위 부담금 인상을 압박하고 있으며, 많은 반대에도 불구하고 시리아와 이라크에서 철군을 밀어붙이고 있다.

신중상주의와 신현실주의

중상주의란 금을 국부의 원천으로 보고 경쟁 국가가 금을 확보하기 어렵게 하는 17~18세기의 교역 정책을 말한다. 여기서 이름을 따 트럼프 행정부의 교역 정책을 신중상주의라고 부른다.

미국 존스홉킨스대 교수였고 현재 일본 국제기독교대학에서 정치·국제관계학을 가르치고 있는 서재정 교수는 트럼프 독트린을 '신현실주의와 신중상주의'라고 요약했다.[46] 트럼프는 무역을 국가 안보와 연계시키는 전략을 펴고 있다. 그는 "트럼프가 중상주의적 무역 정책과 국제 자유무역 사이에서 타협하고 있다"고 주장한다. 그러나 여차하면 미국 경제를 위해서는 전쟁까지 불사할 것인데, 그 결과가 미중 무역 전쟁이라는 설명이다.

트럼프 행정부의 정책은 '고립주의'가 아니다. 원래 고립주의란 19세기 후반 미국 제임스 먼로 대통령의 독트린을 설명하는 데 쓰인 말이다. 이와 달리 트럼프 대통령이 말하는 '아메리카 퍼스트'는 미국 이익을 우선으로 하기 위해 온 세계에 확산된 분쟁에 대한 개입을 적절하게 조절하고, 군사비 부담을 줄이는 것이 목표이다.

트럼프 대통령은 통상 정책을 보호무역이 아니라 중국 등과의 불공정무역을 바로잡는 공정무역이라고 주장한다. 그래서인지 그의 행보를 보면 미국의 이익을 위해서라면 국제 조약도 휴지 조각처럼 쉽게 버린다. 기후 변화 방지를 위한 파리협약에서 탈퇴했고, 유럽 및 일본과 맺은 환태평양경제동반자협정(Trans-Pacific Partnership, TPP)를 비롯하여 캐나다 및 멕시코와 맺은 FTA도 뒤집고 있다. 한미 FTA나 이란과의 핵 협정 파기도 같은 맥락이다.

이에 대해 프랑스의 마크롱 대통령을 포함한 몇몇 나라의 리더들은 "미국이 편협한 민족주의의 이익에 빠져 있어 세계를 위험에 처하게 할 수도 있다"고 비판한다.

그러나 트럼프 대통령은 이러한 정책이 미국의 패권을 더욱 강화하는 전략이라며 자랑할 뿐이다.

---
2. 중국

중국몽과
중국 특색 사회주의

중국몽

시진핑은 2013년 3월 17일 중국 공산당 전국인민대표회의 연설에서 '중국몽'을 아홉 번이나 언급했다. 중국몽은 당나라 시대와 같은 '중화中華', 즉 중국을 세계의 중심으로 만들겠다는 의지의 표현이다. 미국의 패권에 대한 도전장이나 다름없다. 시진핑 주석은 이를 구체화하는 전략으로 육지와 해상에 신新실크로드를 열었고, '대국굴기'를 선포했다.

3단계 대국굴기 프로세스

"중국의 다큐멘터리는 현대 중국의 현실을 반영하고 중국의 변화를 반영하는 영상물로 제작하도록 한다. 이것은 우리에게 새로운 도전이자 시도이다."[47]

'대국굴기'를 처음으로 세계에 알린 다큐멘터리 〈대국굴기〉를 제작한 중국 관영방송 CCTV 저우옌 부사장이 2011년 '한중 수교 19주년 기념 다큐멘터리 포럼'에서 한 말이다. 저우옌은 2009년 〈대국굴기〉 제작을 총괄한 제작자였다. 이 포럼에 필자도 참석했다.

공산국가의 선전·선동 매체인 TV가 중국의 국가적 의제를 먼저 제시했다. 〈대국굴기〉는 13억 중국인이 열광적으로 시청했던 12부작 다큐멘터리다. 15세기 이후 초강대국의 지위를 누렸던 포르투갈, 스페인, 네덜란드, 영국, 독일에서 미국에 이르기까지 9개국의 흥망성쇠를 다루고 있다. 한국에서도 화제가 되어 EBS가 특집으로 방송했다. 저우옌이 말한 대로 다큐멘터리를 통해 새로운 중국의 길을 제시했다. 대국굴기는 사실 후진타오胡錦濤 시대부터 시작된 것임을 알 수 있다.

두 번째 단계는 시진핑의 주석 취임 이후 구체적인 형태로 추진되는 프로젝트를 말한다. 대표적으로 '일대일로'와 '아시아인프라개발은행(Asia Infrastructure Investment Bank, AIIB)' 프로젝트를 들 수 있다. 시진핑 주석은 2013년 카자흐스탄을 방문하던 중 한 대학 강연에서 '신실크로드 구상'을 발표했다. 육지와 해상에서 21세기 실크로드를 개척해 중국을 세상의 중심으로 만들겠다는 포부를 밝힌 것이다. '신실크로드 구상'은 2014년 11월 베이징에서 열린 아시아태평양경제협력체(Asia-Pacific Economic Cooperation, APEC) 정상회의에서 '일대일로 사업'이라는 이름으로 세상에 공개되었다. 공식 명칭은 '국가급 정층 전략'이다. 중국에서 시작해 중앙아시아, 러시아, 동남아시아, 서남아시아, 서아프리카에 걸쳐져 있는 62개국을, 150년 동안 육로와 해로로 연결하겠다는 프로젝트이다. 중국은 '일대일로' 사업에 들어가는 비용을 모두 차관으로 제공하겠다며 유라시아 국가에 먼저 접근했다. 이를 위해 400억 달러 규모의 '실크로드 기금'도 만들었다. 중국은 개발금융기구로 한국도 참여한 AIIB와 브라질, 인도, 남아프리카 공화국, 러시아 등이 동참한 '신개발은행'을 세웠다. 중국은 2,000억 달러 이상의 자금을 쏟아부어 '일대일로 사업' 을 추진 중이다.

세 번째 단계는 '중국 제조 2025' 프로젝트이다. 중국을 '제조업 대국'에서 '제조업 최강국'으로 도약시키기 위해 정부 주도하에 2015년부터 추진하고 있다. 2025년까지 첨단 의료기기, 바이오 의약 기술 및 원료 물질, 로봇, 통신 장비, 첨단 화학제품, 항공우주, 해양 엔지니어링, 전기차, 반도체 등 10개 하이테크 분야에서 대표 기업을 육성하는 게 목표이다. 즉 제조업에서 미국과 서방을 넘어서겠다는 야심찬 프로젝트이다. 이를 통해 '강성 사회주의 국가'를 실현하는 것이 중국몽의 완성이라고 볼 수 있다.

미국은 중국의 '대국굴기'를 세계 패권의 도전장으로 받아들일 수밖에 없다. 왜냐하면 '일대일로'를 통해 새로운 물류의 루트를 구축하겠다는 것은 미국의 에너지 패권에 도전하는 행위이기 때문이다. 또 AIIB의 설립은 미국이 주도하는 금융 시스템에서 벗어나 기축통화에 도전하는 독자적 행보라고 볼 수 있다. 그리고 '중국 제조 2025'는 미국의 가장 큰 경쟁력인 첨단 과학기술에 도전하는 것을 의미한다. 2018년 11월 베이징에서 만난 중국 베이징대학교의 추잉지우崔應九 교수는 "미국이 포위하면 서쪽으로, 무역 전쟁을 일으키면 자력 기술과 과학으로 미국을 뛰어넘는다"는 중국의 국가 전략을 필자에게 설명해주었다.

중국 특색 사회주의

시진핑 주석은 서구 민주주의 국가들이 걸어갔던 길을 가지 않고, '중국 특색 사회주의'라는 중국식 새 모델을 제시했다. 이는 기본적으로 '마르크스-레닌주의'의 21세기 버전이라고 볼 수 있다. 사회주의 종주국인 러시아도 포기한 사상을 중국이 추구하게 된 배경에는 무엇보다도 첨단 기술에 대한 자신감이 있기 때문이다. 즉 '중국식 디지털 경제가 서구식 시장경제보다 우월하고, 디지털 일당 독재가 민주주의보다 효율적'이라는 확신이 있기 때문이다.

시진핑 주석은 미중 무역 전쟁이 과열되던 2018년 10월 31일 공산당 최고 수뇌부인 정치국 위원 24명 전원을 소집했다. 그는 미중 무역 전쟁 이후 중국의 경제 상황을 점검한 뒤, 곧바로 오원주이 베이징대 교수의 '인공지능의 발전 현황과 추세'에 대한 강연을 듣고 집단 토론을 벌였다. 시 주석은 이 자리에서 "중국의 거대한 데이터와 시장 잠재력을 지렛대로 미국을 능가하는 인공지능 최선진국으로 도약할 것"을 촉구했다. 중국은 4차 산업혁명의 핵심인 빅데이터와 이를 활용한 인공지능 기술, 그리고 거대한 시장이 있기 때문에 미국을 능가할 수 있다고 판단한 것이다. 4차 산업혁명을 선도하는 국가로 도약하겠다는 의지가 엿보이는 대목이다. 이후 매체와 공산당을 통해 전국으로 지시가 하달되었다.

'인공지능을 기반으로 한 디지털 일당 독재가 시장경제와 민주주의를 이길 수 있다'는 생각은 '호모 사피엔스의 종말'을 언급한 세계적인 역사학자 유발 하라리Yuval Harari의 견해와도 일치한다. 유발 하라리는 《21세기를 위한 21가지 제언》에서 '디지털 독재'를 언급하며 "권위주의 정부는 알고리즘을 활용하여 시민들에게 절대적 통제권을 행사할 수 있다"면서 "독재자는 의료 보장이나 평등을 제공할 뿐 아니라, 심지어 자신을 사랑하게 만들고 적을 증오하게 만들 수 있다"고 말한다. 그는 또 20세기의 민주주의의 승리는 공개된 데이터 시스템 덕분이었으나, 21세기 디지털 시대에는 "독재 국가가 DNA를 포함한 모든 생명과 사회에 관한 정보에서 우위를 지니며 데이터를 가공하는 데 있어서도 유리하게 되므로 선거와 자유 시장, 종교와 예술까지 무의미해질 것"이라며 디지털 독재에 대한 경계의 목소리를 담았다.[48]

중국은 디지털 독재로 향해 가고 있다. 전국에서 디지털 감시 체제를 더욱 견고히 하며 표현의 자유를 더욱 강하게 압박하고 있다. 정부의 정책에 비판적인 의견을 피력했다고 대낮에 대학 교수가 납치되는 사건까지 벌어지고 있다. '중국 특색 사회주의'를 강화하는 과정이다. 이러한 중국의 미래는 과연 어디로 갈 것인가?

미국의 영향력에서 벗어나
'팍스 니포니카'로

금붕어 똥인가, 팍스 니포니카인가

21세기 일본의 외교 전략은 국내와 국제 두 가지 차원에서 살펴볼 수 있다. 국제적 차원에서는 일본이 글로벌 슈퍼 파워가 되는 것이고, 국내 차원에서는 장기 침체를 극복하고 경제를 회복시키는 것이다. 전자를 '팍스 니포니카Pax Niponica', 후자를 '일본 부흥'이라고 부른다.

일본 외교가에 '금붕어 똥'이라는 조롱 섞인 용어가 있다. 미국 추종 일변도에 매몰된 일본 외교를 "금붕어가 꽁무니에 똥을 달고 다니는 모습"에 빗댄 극단적인 표현이다. 그러나 과거에 당대 세계 최강이었던 러시아, 중국, 미국과 정면승부를 경험해본 일본은 서서히 '미국 없는 국제질서'를 준비하고 있다.

MIT 대학 출신의 정치학자인 이노구치 다카시猪口孝 도쿄대학교 교수는 "일본은 미국과의 관계를 항상 고려하면서도 독자적으로 장래에 대한 다음 네 가지 시나리오를 구상하고 있다"고 말했다.

1) 미국이 세계를 주도하는 '팍스 아메리카나'의 2단계
2) 미국과 일본이 세계를 움직여가는 바이게모니Bigemony
3) 각종 컨소시엄이 세계를 조직하는 '팍스 콘솔티스'
4) 주로 일본이 세계를 움직여가는 '팍스 니포니카'[49]

아베 정권은 트럼프 대통령 초기에는 1)과 2)의 관점에 국제 정책을 추진했다. 아베 총리는 골프장에서 트럼프 대통령을 좇아가다 넘어지는 등 '트럼프의 푸들'이라는 비판을 감수하면서도 친미적인 제스처를 취했고, 또 TPP를 통해 미국과 일본이 세계 경제 질서에 영향력을 행사하고자 했다. 그러나 트럼프 행정부가 미국 우선주의를 강화하는 노선으로 기울자 일본은 설 자리를 잃을 처지에 놓였다. 게다가 트럼프 대통령이 오로지 자국의 이익을 위해서만 행동하자 그에 대한 대응으로 일본은 3)과 4)의 정책을 동시에 추진하게 된다. 3)은 EU와의 동맹 관계 강화와 중국과의 관계 개선을 말하고 4)는 바로 전쟁 가능한 나라로 가는 헌법 개정을 말한다.

미국 없는 새로운 세계 질서

일본은 2018년 7월 17일 EU와 경제 연계 협정(Economic Partnership Agreement, EPA)을 체결했다. EPA는 FTA와 같은 개념이다. 이로써 전 세계 무역액의 약 40%를 차지하는 거대한 자유무역권이 탄생했다. 그러나 이에 대한 한국 언론의 보도는 찾아보기 어려웠다. 또 일본과 EU는 동시에

전략적 파트너십 협정(Strategic Partnership Agreement, SPA)에도 서명했다. 미일 군사동맹을 고려해 핵심적인 군사안보 분야는 포함되지 않았지만 경제 협정과 안보 협정을 패키지로 묶은 것이다. 군축과 비확산, 테러 대책, 사이버 안보, 기후 변화, 재난 구호 등 전방위적인 분야에서 협정을 맺었다. 미국의 역할이 축소되더라도 EU와 함께 아시아에서 중국의 부상을 견제하고 기존 질서를 유지하겠다는 전략이다.

트럼프 대통령의 탈퇴 선언으로 TPP가 발효되지 못하고 주저앉게 되었을 때, 아베 총리는 미국을 제외한 11개국이 참여하는 형태로 이를 되살려낸 적이 있다. 일본과 EU의 EPA와 TPP는 자유무역을 지키려는 국제적인 노력이자 트럼프 정권에 대한 압박이기도 하다.

역사적으로 일본은 미국과의 외교안보 전략에서 독자적인 노선을 걷거나 유연한 발상을 통해 자국의 이익을 챙기려는 시도를 자주 보였다. 대표적인 사건으로 '가쓰라-태프트 조약'이 있다. 제국주의 식민지 전쟁이 한창이던 1905년 7월 일본 총리 가쓰라桂太郎와 미국 육군 장관 태프트William Taft가 "일본은 미국의 필리핀 지배를 확인한다. 한국은 일본이 지배할 것을 승인한다"는 내용의 밀약을 체결한 것이다. 그러나 일본은 1943년 하와이의 진주만을 습격해 미국과 전쟁을 벌이기도 했다.[50]

1972년 미국이 적극적으로 중국과의 관계 정상화에 나서자 미일 정책기획협의에서 일본은 유사시 미국 군대가 극동 지역에서 주일 미군 기지를 사용할 수 있도록 허용한 '미일 안보조약 제6조'의 폐기를 타진했다. 데탕트 흐름에 맞추어 미군 기지를 축소하고 미국의 군사 활동에 일본이 연루될 가능성을 줄이기 위해서였다. 이에 대해 미국은 주일 미군을 전면 철수할 수도 있다고 압박했다. 다시 일본은 중국이나 소련과 안보 협력을 추진하는 등의 대안이 있다고 응수했다. 미일 안보조약을 대신하는 아시아 다자안보조약을 내밀었다. 당시 미일 동맹에 전적으로 의존하는 일본이 과감한 발언을 할 수 있었던 이유는 역사적·전략적 외교안보 역량이 살아 있었기 때문이다.

"나는 진주만을 기억하고 있다."

트럼프 대통령이 지금까지 공개 석상에서 두 번이나 한 말이다. 2017년 11월 4일 트럼프 대통령은 취임 후 처음으로 하와이를 방문하며 트위터에 "진주만을 기억하라. 애리조나함을 기억하라. 그날을 잊지 않을 것이다"라는 비장한 글을 남겼다. 트럼프 행정부가 '진주만'에 대한 기억으로 일본을 전적으로 신뢰하지 않는다는 것이 엿보이는 대목이다. 2018년 6월 백악관에서 열린 미일 정상회담에서 트럼프 대통령은 다시 "나는 진주만을 기억하고 있다"고 말해 아베 총리를 깜짝 놀라게 했다. 트럼프 대통령은 이어 일본의 무역 정책을 신랄하게 비판했고, 일본과의 무역 적자에 대해 분개하며 아베 총리에게 미국의 쇠고기와 자동차 수출업자들에게 더 유리한 무역협정을 요구했다. 미일 두 정상은 어느 국가 정상보다 자주 만나고 통화하며 친밀감을 다졌지만, 이는 자국의 이익 앞에서는 모두 무용지물이었다.

일본은 '미국 없는 새로운 세계 질서'를 준비하기 시작했다. 독자 행보에 들어간 것이다. 일중 정상회담과 북한과의 비밀회담은 일본이 "언제까지나 무조건적으로 미국 편이 아닐 수도 있다"는 독자적인 행보를 나타내는 것이어서 의미심장한 사건이라고 볼 수 있다.

뉴 그레이트 게임과
신동방 정책

뉴 그레이트 게임

푸틴 대통령은 러시아를 '다시 위대한 나라로 만들기 위해서'라는 명목으로 20년 장기 집권을 정당화하고 있다. 푸틴의 러시아는 유라시아 대륙에서 영향력을 확대하고자 남진과 동진을 동시에 추진하고 있다. 이를 '뉴 그레이트 게임The New Great Game'이라고 부른다.

'그레이트 게임'은 19세기부터 20세기 초 러시아 제국과 영국이 유라시아 패권을 두고 벌였던 전략적 전쟁을 말한다. 제국주의 시대인 19세기 초 러시아가 남진을 한 것이 시작이었다. 나폴레옹의 침략을 이겨내고 의기양양해진 러시아는 1813년 아제르바이잔을 침략해 식민지로 삼았다. '해가 지지 않는 나라' 영국은 러시아가 인도까지 정복하겠다며 '러시아 위협론'을 제기했다. 그러고는 러시아의 남진을 저지한다는 명분으로 1835년 아프간 제국을 침략했다. 러시아에 장악되면 아프간이 인도를 침공하는 전진기지가 될 것을 우려했기 때문이다. 19세기 중반 그레이트 게임의 전선은 크림반도로 옮겨갔다. 러시아는 오스만 제국, 프랑스, 영국, 사르데냐 왕국이 결성한 동맹군에 패퇴했고, 일대에서 장악력을 상실했다.

그 후 동아시아로 눈길을 돌린 러시아는 청나라와 조선으로 남하하는 동진 정책을 펼쳤다. 이에 맞서 영국은 일본과 손을 잡았다. 영국의 신식 무기로 무장한 일본이 러일전쟁에서 승리하며 대결은 마무리되었다. 무리한 전쟁으로 러시아는 급격히 국력을 상실했다. 1차 그레이트 게임은 급팽창하는 독일에 맞서 1907년 러영 협상을 맺음으로써 일단락되었다.

그레이트 게임의 가장 큰 피해자는 조선이었다. 아관파천을 계기로 러시아가 조선에 개입하려고 했으나 실패했다. 영일동맹은 러시아의 '남진'을 저지하겠다는 공통의 목적이 합을 이룬 것이다. 러시아와 영국의 상호 견제는 조선의 개항을 지연시키는 결과와 아울러 일본이 조선을 지배하는 조건이 되게 했다.[51]

그레이트 게임은 궁극적으로 조선을 제국의 희생물로 만들었다.

2차 그레이트 게임은 새로운 이념과 방식으로 진행되었다. 1917년 볼셰비키 사회주의 혁명에 성공한 러시아는 유라시아를 붉은 대륙으로 만들고, 동유럽을 위성국가로 삼았다. 서방 제국의 중심이었던 영국과 떠오르는 미국은 공산주의 진영에 맞서 이념 전쟁을 펼쳤다. 히틀러의 독일이 부상하면서 멈추는 듯했지만 자유 진영과 공산 진영 간의 2차 그레이트 게임은 이번에도 한반도에 '한국전쟁'이라는 엄청난 비극을 남겼다. 또다시 우리가 희생양이 된 것이다.

다시 한반도에서 3차 그레이트 게임이 기지개를 켜고 있다. 북핵을 둘러싸고 한반도 상공에서 북·중·러 대 한·미·일의 게임이 오랫동안 지속되었지만, 2018년 북미 정상회담과 대화가 진행되면서 기존의 대립각에

균열이 일어난 점은 다행이다. 100년 전 조선이 일본의 식민지가 되는 데 간접적인 원인을 제공한 러시아가 다시 동쪽으로 돌아오고 있다.

신동방 정책

푸틴 대통령의 신동방 정책의 골자는 '유라시아 경제공동체'의 형성이다. 세계 경제의 축이 아시아로 이동하는 시대의 흐름에 맞춰 유럽보다 아시아에 비중을 두겠다는 전략이다. 원래 '유라시아'라는 용어는 러시아 정교의 여자 교황으로 불리는 안나 아흐마토바Anna Akhmatova와 니콜라이 구밀료프Nikolai Gumilyov 사이에서 태어난 대표적인 유라시아 역사학자 레프 구밀료프Lev Gumilyov에 의해 처음 사용되었다. 그는 "러시아가 구원받을 수 있다면, 유라시아주의를 통해서만 가능하다. (…) 유라시아의 광활한 대륙은 크고 작은 문명이 교류와 상호작용을 통해 미래로 나아가면서 희망을 키우는 공간"이라고 정의했다.[52]

신동방 정책은 언제부터 시작되었는가? 러시아 역사를 전공한 서울대 한정숙 교수에 따르면, 신동방 정책은 고르바초프 시대로 거슬러 올라간다. 소련이 페레스트로이카·글라스노스트(개혁·개방)를 단행하며 아시아 국가들과 수교를 시작하면서 대한민국도 1990년에 소련과 국교를 맺었다. 사실상 이때부터 동방 정책이 시작된 것이다. 푸틴의 시대가 되자 동방 정책은 더욱 탄력을 받았다. 경제적으로는 극동 시베리아 개발을 통해 경제 발전을 꾀하고, 정치적으로는 아시아 태평양 지역에 영향력을 행사하는 것이 신동방 정책의 목적이라고 할 수 있다.

탈냉전 시대 미국이 자유무역과 시장경제를 중심으로 세계 질서를 재편하는 과정에서 러시아는 전략적 열세를 체험했다. 특히 동유럽이 세계 질서로 편입한 유럽에서 크게 힘을 잃었다. 여기서 교훈을 얻은 러시아는 아시아에서 전략적 균형을 모색하고, 핵심 파트너로서 중국을 선택했다. 하지만 미국에 대한 일방적인 의존 관계를 탈피해 일본과도 새로운 관계를 형성하려고 시도하고 있다. 또한 시베리아 개발을 위해 한국과의 협력이 필요한 상황에서 남·북·러 삼각 협력 체제를 구축하기 위해 노력하고 있다.

러시아의 미래에 가장 큰 변수는 역시 경제이다. 당장의 과제는 '자원 수출 의존형 경제 구조'에서 탈피해 새로운 수익 창출 모델을 만드는 것이다. 모스크바의 경제성장개혁센터 소장 니콜라이 미로노프Nikolai Mironov도 언론 인터뷰에서 "아직 러시아에는 원자재 외에 경제 성장을 견인할 만한 혁신 산업이 존재하지 않는다"고 말했다. 푸틴 대통령은 "첨단 과학기술에 대한 투자를 늘리고 비에너지 분야의 수출을 두 배로 확대"하고 또 "경제 발전을 위해 민주제도, 지방자치, 시민사회 조직 등 경제 자유를 확대하여 열린 국가로 만들어가겠다"고 말했다. 그러나 권위주의에 입각한 푸틴 정권이 얼마나 자유를 허용할지는 불분명하다.

동시에 러시아는 미국에 맞서 가장 유리한 분야인 석유 시장에서의 주도권을 노리고 있다. 미국과 갈등 중인 이란의 석유를 대체함으로써 세력을 확장하겠다는 계획이다. 러시아산 원유는 이란산과 같은 '우랄' 유종으로 이란산 석유의 대체재로 각광받고 있다. 이탈리아 정유사와 프랑스 정유사 등 유럽 정유사들이 이란 대신 러시아에서 석유를 사들이고 있다.[53] 중국과 터키 역시 미국의 이란 제재에 대비해 러시아산 석유의 수입량을 늘렸다. 그러나 이는 이란에도 이익이 된다. 왜냐하면 이란이 러시아에 석유를 수출하고 러시아로부터 필요한 물품을 공급받기 때문이다. 러시아는 석유 값을 높게 받을 수 있다. 러시아는 국제 정치와 경제적 이익에 석유를 효과적으로 활용하고 있다.

3장
한반도에 대한 야심

1. 미국 : 해방군이자 공산주의에 맞서는 동맹군

2. 중국 : 속국의 대상이자 해양 세력 밀어내기

3. 일본 : 침략자와 방패막이

4. 러시아 : 개입자와 대륙 세력으로 유인

NEXT WORLD & KOREA

해방군이자 공산주의에 맞서는
동맹군

점령군과 해방군의 역할

"오랜 식민 통치를 종결한 '해방군'이면서 동시에 '점령군'으로 아메리카를 맞이했던 한반도의 지식인은 개인의 정치적 성향이나 호오好惡의 감정 여부에 상관없이 하나의 국가 그 이상으로 아메리카를 이해하고 있었다."[54]

미국은 한반도에 제국주의 일본으로부터 해방을 가져다준 해방군이자, 동시에 신탁통치를 한 점령군이라는 것이다. 미군정의 포고문은 점령군으로서의 포고였다. 제2차 세계대전 이후 한반도는 냉전의 최대 피해자였다. 남과 북으로 나뉜 한반도는 미국 중심의 자유민주주의 진영과 소련 중심의 공산주의 진영이 충돌하는 대리전의 장소가 되었다.

초대 대통령으로 당선된 이승만은 미국에서 공부했으며 미국의 고위층과 깊이 교류하는 인물이었다. 스탈린의 지시를 받은 김일성은 한반도에서 동족상잔의 전쟁을 일으켰다. 수백만 명의 목숨을 앗아간 한국전쟁은 25개국의 다국적 군인들이 참전한 국제전이 되었다. 미국은 함락 위기에 처한 대한민국을 구해주었다. 또다시 해방군이 된 셈이다.

하지만 전쟁의 후유증은 너무나 컸다. 반공주의가 최고 통치 이념이 되면서 독재 정권이 30년 동안 철권을 휘둘렀다. 산업화를 이룬 다음에는 거센 민주화의 물결이 일어났다. 4.19혁명이 성공했고, 6월 민주항쟁이 독재를 무너뜨렸다. 하지만 1980년 광주항쟁이 일어났을 때 신군부는 무력으로 시위를 진압했다. 작전권을 가지고 있는 미국이 민주화 운동을 탄압하는 신군부의 행동을 방관하면서 한국에서 반미 운동이 거세게 일어났다. 미국문화원 점령 사건을 시작으로 시작된 반미 정서는 2002년 미군 장갑차 사건 때 정점을 찍었다.

한국전쟁 이후 미국은 대한민국의 '제도의 창설자'였다. 자유민주주의와 시장경제의 씨앗을 심는데 필요한 물자를 제공하는 역할을 한 것이다. 세계에서 가장 가난했던 우리는 미국으로부터 무상으로 막대한 경제 지원을 받았다. 냉전 체제에서 미국 경제권에 편입된 것이 경제 강국으로 도약하는 데 크게 기여한 것이다. 한국은 문화적으로도 할리우드의 영화, 팝송, 드라마 등 미국 문물을 빠르게 흡수했다. 필자의 대학 시절에는 〈타임〉지를 팔에 끼고 다니는 것이 유행할 정도였다.

냉전과 중국에 맞서는 최전선

한반도는 냉전의 최전선이자 가장 뜨거운 전쟁터였다. 유럽 대륙에서는 냉전의 괴물이 독일의 통일과 EU의 출범으로 사라졌지만, 동북아에서는 냉전의 망령이 아직 살아 움직이고 있다. 소련이 해체되면서 한반도에서도 냉전이 사라질 것이라고 기대를 모았지만, 한반도는 아직도 냉전 시대를 살고 있다. 심지어 분단이라는 불씨를 통해 유지되던 냉전 구도가 최근 미국과 중국의 패권 대결의 시작과 함께 '신냉전'의 시작을 예고하고 있다. 냉전의 괴물을 퇴치하지 못한 가운데 다시 신냉전을 맞이하는 불운을 겪게 된 깃이다.

미국은 대한민국이 중국에 맞서는 최전선 역할을 담당하길 바라고 있다. 이를 단적으로 보여주는 것이 사드THAAD 배치 사건이다. 중국이 과도할 정도로 강하게 반대한 이유이다. 중국은 경제적인 보복으로 응수했고, 그 피해는 고스란히 우리의 몫이었다. 사드 배치에 대한 중국의 반응을 통해 그 속내를 파악할 수 있다.

다행히 한반도에서 냉전을 해체할 절호의 기회가 찾아왔다. 트럼프 대통령의 등장이다. 북미 간의 새로운 여정이 시작되었기 때문이다. 결단은 트럼프 대통령과 김정은 위원장에 의해 내려졌다. 싱가포르에서 처음으로 북미 정상이 만났다. 냉전의 잔재를 끝내기 위해서였다. 미국이 지금도 한반도 문제를 외교의 최우신 과제로 여기는 이유는, 과거 소련에 이어 현재 중국의 부상을 저지하는 데 있어서도 가장 중요한 지역이기 때문이다. 한반도를 내주면 일본과 대만이 불안해지고, 미국이 주도하는 동아시아 질서에 위협이 될 수 있다. 즉 미국의 입장에서 한반도는 동아시아 안보의 최전선인 것이다.

속국의 대상이자
해양 세력 밀어내기

한반도는 중국의 일부

"한반도는 역사적으로 중국의 일부였다."

2017년 미국 플로리다주 팜비치 마라라고리조트에서 열린 미중 정상 회담에서 시진핑 주석이 트럼프 대통령에게 한 말이다. 중국 외교부도 이를 부인하지 않았다. 한반도가 중국의 속국이라는 생각을 은연중에 드러낸 것이다. 역사적으로 중국이 한반도를 어떻게 대해왔는지를 보면 크게 이상할 것도 없다.

한반도의 비극의 원인은 항상 중국과 일본이었다. 일본이 근대에 동아시아 패권국으로 부상하기 전에는 중국이 한반도를 고난과 전쟁터로 만들었다. 한족과 북방 민족 간의 세력 대결은 지속적으로 한반도를 전쟁터로 몰고 갔다. 진시황 이래 역대 한족 왕조들의 주적은 흉노, 돌궐, 몽골, 거란, 여진 등 북방 세력이었다. 중국 역사의 4분의 1은 북방 민족이 세운 정복 왕조(5호 16국과 북조, 요, 금, 원, 청 등)였다.

　한족과 북방 세력 모두에게 한반도는 전략적 요충지였다. 양 세력이 충돌할 때마다 한반도는 예외 없이 전화에 휩싸였다. 그 예를 일일이 헤아리기 힘들 정도이다. 수나라와 당나라의 고구려 침략, 거란족이 세운 요나라와 원나라(몽골군)의 고려 침략, 명을 몰락시킨 청나라(여진족)에 의한 병자호란 등 한반도는 중국의 끝없는 침략을 겪었다. 그리고 중국 정권은 한결같이 조공을 요구했다.

　임진왜란은 다른 양상의 침략이었다. 역사 이래 대륙의 변방이었던 한반도에 처음으로 해양 세력이 힘을 뻗친 사건이었다. 근대에 일본이 동아시아의 강력한 해양 세력으로 부상하면서 한반도에는 대륙 세력(중국, 러시아)과 해양 세력(일본, 미국)이 충돌하는 요충지가 되었다. 그 결과가 청일전쟁, 러일전쟁, 한국전쟁이다. 북한은 지금도 중국의 영향력 아래 놓여 있다.

해양 세력 밀어내기 : 3.5 대 2.5 전략

중국의 한반도 정책과 전략은 '쌍' 전략이다. 쌍잠정雙暫停과 쌍궤병행雙軌並行을 말한다. 쌍잠정은 북한 핵미사일 개발과 한미 연합훈련을 일시적으로 동시에 중단하는 것을 말한다. 쌍궤병행은 한반도 비핵화 프로세스와 북미 평화협정 협상을 병행해 추진하는 것이다. 미국이 주장하는 '선先비핵화, 후後평화 체제'와 북한이 주장하는 '선평화 체제, 후비핵화'를 절충한 것이다. 이를 주장하는 대표적인 학자로 중국 내 한반도 전문가인 난카이대학교 리춘푸李春福 교수가 있다.[55]

　북한 비핵화에 대해 중국은 단호한 입장을 취한다. 이유는 두 가지이다. 먼저 핵무장의 도미노 현상 때문이다. 북한의 핵무장은 일본과 한국의 핵무장을 넘어 대만의 핵무장으로까지 이어질 수 있다. 중국이 유엔의 북핵 제제에 동참하는 가장 큰 이유이다. 둘째, 중국이 동아시아에서 미국을 밀어내고 지역의 패권 국가로 발돋움하기 위함이다. 중국은 대북 제재에 참여한 것이 북한을 비핵화와 북미 정상회담으로 이끌어내는 데 기여했다고 판단한다. 중국 지도부는 미국과의 협상에서 지렛대로 활용하기 위해 북한을 자신의 영향권 아래 잡아두려고 한다. 또 중국은 지역의 맹주임을 과시하기 위해 한반도 평화협정에 당사국으로 참여하길 바란다.

한반도에 대해 중국이 원하는 것은 북·중·러와 한·미·일 3대 3으로 나뉜 동북아 6자 구도를 3.5 대 2.5 구도로 이끌어오는 것이다. 베이징에서 만난 베이징대 추잉지우 교수는 "문재인 정권의 집권과 대북 정책으로 선선이 '북·중·러+문새인 정부(3.5) 대 미·일+님한 보수(2.5) 세력'의 구도로 재편되었다"며 "중국과 북한이 소기의 목적을 달성한 셈"이라고 말했다. 중국의 본심을 읽을 수 있는 대목이다. 《손자병법》에도 나오는 세勢 전략이다. 중국은 동북아에서 유리한 구도를 짜고 있는 것이다. 중국이 대한민국에서 미군 철수를 주장하는 이유이기도 하다.

침략자와
방패막이

한반도는 일본의 방파제

일본 역사가들은 한반도를 '일본 역사의 방파제'라고 부른다. 그 방파제 역할은 지금도 유효하다. 냉전 시대에는 공산 진영으로부터의 방파제 역할을 했고, 미중 패권 경쟁 시대에도 한반도가 일본의 방파제가 되리라 기대하고 있다.

일본 하토야마 유키오鳩山紀夫 전 총리는 2018년 경기도 고양시에서 열린 '아시아·태평양 평화 번영을 위한 국제 대회'에서 "일본이 한반도를 식민화해서, 그 후 제2차 세계대전으로 돌입한 결과 한반도가 분단되었다는 것은 역사적인 사실이며, 일본이 식민화와 전범국의 역사적 사실을 받아들이고, 무한 책임을 져야 한다"고 강조했다. 분단에 일본의 책임이 있다고 인정한 것이다.

한반도가 침략을 당한 것이 횟수로 1,000번이 넘는다. 대다수가 중국과 북방 민족의 침략이다. 한반도에서 일본과 중국이 전쟁을 한 것은 네 번이다. 7세기의 나당 연합군과 백제 유민 세력·야마토 군대가 백강 앞 바다에서 벌인 해전, 13세기의 몽골군과 가마쿠라 막부군 전투, 16세기의 임진왜란, 그리고 19세기 말의 청일전쟁이다.[56]

반면 일본 본토가 외세의 공격을 받은 것은 역사상 두 번밖에 없다. 13세기에 몽골군이 북규슈에 침입했다가 태풍으로 패퇴했고, 두 번째가 미국과 맞붙은 제2차 세계대전이다. 대륙 세력이 동해로 나오다가 한반도에서 막혔기 때문이다. 일본은 중국에 조공하지 않고 '독립국'으로 발전해왔다. 그렇기에 중국 연호를 쓰지 않고 일본의 독자적 연호를 썼다.

르네상스가 시작되던 16세기에 동양에서 이미 일본은 앞서가기 시작했다. 오다 노부나가織田信長, 도요토미 히데요시豊臣秀吉, 그리고 도쿠가와 이에야스德川家康가 전국을 통일하고 도쿠가와 막부를 세우던 시기에 일본은 획기적인 경제 성장을 이루었다. 은 세조와 도자기 수출로 막대한 부를 축적했다. 이미 도시화가 시작되었고, 18세기 초에 인구는 3,000만 명을 넘어섰다. 같은 시기 조선 인구는 절반에도 미치지 못했다. 조선이 침략을 당하는 동안 일본은 세계 강국으로 도약할 준비를 하고 있었던 것이다.

아시아 패권국으로 승승장구하던 일본은 제2차 세계대전에서 패망하지만, 이내 경제 대국으로 부활했다. 그 배경에는 또다시 한반도가 있었다. 한국전쟁을 통해 '전쟁 특수'를 누린 것이다. 지금도 일본에 있어 한반도는 중국의 팽창을 저지하는 1차 저지선이다.

한반도 통일 이후에도 전략적 파트너

미중 패권 전쟁 시대에 일본은 어떤 행보를 보일 것인가? 북미 관계 정상화와 한반도 해빙 무드에서 일본은 어떤 생각을 하고 있는가? 그리고 한반도의 통일에 대해 일본은 어떤 입장인가?

일본의 '혼네'(본심)를 파악하기 위해 2018년 9월 일주일간 일본에 체류하면서 만난 주류 지식인, 정치인, 언론인들은 "한국이 중국과 한 세력이 되는 것"을 가장 경계하고 있었다. 일본재건위원회의 후나바시 요이치 이사장은 "북한, 이른바 한반도 문제는 늘 일본의 가장 큰 국가 안보적 딜레마로 존재해왔다"며 "통일된 한반도가 민주주의 체제를 확립하고 한미 동맹을 유지하면서 '반일민족주의'를 통일 수단으로 사용하지 않는 환경이 필요하다"고 주장했다. 그는 이 같은 조건이 아니라면 "한반도의 통일은 일본의 국가 안보를 가장 위태롭게 할 수도 있다"고 말했다. 북한과 중국이 주도하는 통일은 허용하지 않겠다는 의지로 보인다. "한반도 비상 상황에서 한국 정부의 허가 없이 일본의 자위대가 한반도에 진격하겠다"는 일본 국방장관의 말이 구설수에 오르기도 했다.

일본과 중국의 관계가 개선된다면 중국이 북일 수교에 다리를 놓을 가능성이 높다는 주장도 있다.[57] 일본이 자율성을 갖고 유연하게 대응할 수도 있다는 지적이다. 아베 총리가 자문을 구하는 베이징대 추잉지우 교수는 "일본과 북한의 관계가 북미 관계보다 더 빨리 진행될 수 있다"고 귀띔했다. 중국의 중재하에 북일 관계가 개선될 수도 있다는 말이다. 국민대 이원덕 교수는 "일본은 중국을 미국의 자국주의에 대한 보완재로 활용할 전략을 펼 수도 있다"며 "강력한 미일 동맹에 기반한 외교안보 정책에서 미국에 맞서는 전략을 펴지 않을 것"으로 전망했다. 여전히 일본은 한·미·일 동맹이 일중, 북일 관계보다 중요하다는 지적이다.

4. 러시아

개입자와
대륙 세력으로 유인

개입자의 러시아

19세기에 국제 상황은 급변하고 있었다. 동아시아에서 청나라 주도의 질서가 무너지고 유럽 열강이 등장했다. 앞서 언급한 대로 그 중심에는 러시아와 영국이 있었다. 러시아는 시베리아를 거쳐 남하하기 시작했다. 세계 패권을 차지한 영국에 러시아가 도전장을 내민 형태였다. 동북아 질서는 영국과 러시아의 경쟁 결과에 의해 결정될 것으로 보였다. 국제적 시각이 부족했던 고종은 오판했다. 그는 조선의 관습대로 청나라의 힘을 빌려 일본을 극복하겠다고 판단했다. 하지만 일본 뒤에는 그 당시 세계 최강인 영국이 있었다. 이런 상황에서 러시아가 한반도에 개입하기 시작했다.

고종은 일본의 상황을 확인하기 위해 김홍집을 파견했다. 1880년 8월에 귀국한 김홍집은 여행 결과를 보고하면서 《조선책략》을 바쳤다. 도쿄

주재 청국 공사 하여장何如璋이 참찬관 황준헌을 시켜 작성한 것으로, 조선이 취해야 할 외교 정책을 정리한 책이었다.

"지구상에 막대한 국가가 있으니 러시아이다. 러시아의 영토는 유럽, 중앙아시아, 동아시아에 걸쳐 있으며, 육군의 정예병이 100여만 명, 해군의 거함이 200여 척"이라며 러시아의 힘을 과대평가했다. 러시아가 최강국인 것이다. 이 책은 조선이 세계 질서를 오판하는 데 결정적인 역할을 했다. 그 오판이란 고종의 아관파천을 말한다. 즉 영국과 러시아의 그레이트 게임에서 일본이 영국과 손을 잡을 때 조선은 아관파천 때문에 러시아 편에 서는 모습이 되었다. 영국이 일본의 한반도 지배를 용인한 것은 당연한 결과였다. 러시아는 '삼국간섭'을 통해 일본을 저지했고, 이어 러일전쟁이 발발했다. 영국의 지원을 받은 일본이 러시아에 승리했다. 영국 편에 선 미국이 중재자를 자처해 일본의 조선 통치를 승인했다.

40년 후 볼셰비키 러시아는 제2차 세계대전에 뒤늦게 참전해 일본에 이김으로써 승전국의 지위를 누렸다. 대가로 소련은 일제 식민지였던 한반도의 반을 점령하게 된다. 일본과 처지가 바뀌었다. 몇십 년 만에 러시아는 개입자에서 점령자로 바뀐 것이다.

대륙 세력으로 유인

지금의 한반도 질서는 제2차 세계대전과 냉전의 결과물이다. 미소 냉전에서 미국이 승리했으나 중국이 발톱을 드러내면서 한반도 상공이 다시 요동치기 시작했다.

러시아는 한반도에 영향력을 행사하려고 시도하지만 미국과 중국에 비해 존재감이 약하다. 그래서 러시아는 '투트랙', 즉 대對한반도 전략을 마련하고 있다. 북한에는 '이념적 동지'로, 대한민국에는 '경제적 파트너'로 다가가는 것이다. 또 러시아가 북한의 비핵화 과정에 적극적인 이유도 한반도에 영향력을 넓히기 위해서이다. 외교안보연구원 고재남 교수는 "러시아가 한반도에 대한 미국의 영향력이 강화되는 것을 바라지 않으며, 자국의 위상 유지와 강화를 위해 비핵화 과정에 적극 개입해 다자회담으로 유도하려 할 것"이라고 전망했다.[58]

마침 푸틴의 신동방 정책과 문재인 대통령의 신북방 정책이 맞아떨어지고 있다. 대한민국도 외교적으로 한반도 평화 체제 구축을 위해 러시아와의 협력이 필요하다. 경제적으로 남·북·러 3각 협력 체제를 만들려는 것이다. 대표 사업이 남, 북, 러에다 중국, 몽골, 일본까지 전력 연계를 확장하는 '동북아 슈퍼그리드' 프로젝트이다. 고려대학교 러시아 연구소의 윤성학 교수는 "동북아 슈퍼그리드가 실현될 경우 한국은 더 이상 발전소를 건설하지 않고 미세먼지 감축과 온실가스 절감이라는 환경 해결책을 찾을 수 있다"고 전망한다.[59] 남북 경제협력에도 기여할 수 있다. 독일의 빌리 브란트 총리가 소련과의 국교 정상화 과정에서 소련의 가스관을 도입한 것과 유사하다고 볼 수 있다.

그러나 '동북아 슈퍼그리드'에 대한 우려도 있다. 윤성학 교수는 "정치적 이슈가 발생하면 전력 공급의 문제가 생겨 에너지 안보 문제가 부각될 수 있다"는 점을 지적한다. 이 또한 빌리 브란트 총리가 동방 정책을 추진하면서 소련에서 가스를 수입할 때 부딪혔던 문제와 유사하다. 하지만 독일의 소련 가스 수입은 동·서독 데탕트의 상징이 되기도 했다. 프랑스와 독일이 주도한 오늘날의 유럽연합이 철강 공동체에서 시작했듯이, 동북아시아 국가들도 에너지 공동체 형성을 통해 새로운 지역 경제 공동체로 발전할 수도 있다.

한국과 러시아는 2018년 서비스·투자 분야 FTA 협상을 위한 절차에 착수했다. FTA가 체결되면 물류, 운송 등 서비스 분야에서 남·북·러 3각 협력이 더욱 탄력을 받을 것으로 전망된다. 그러나 우선적으로 북한 비핵화의 속도에 따라 진행 속도가 결정될 것이다. 러시아는 '코리아 매니페스토'에서 보여주듯이 한반도와 긴밀한 협력 관계를 구축해 '대륙으로 끌어당기고' 싶어 한다.

2부

어떤 미래가 오고있는가

신경제 냉전과 한반도의 기회

1장
국제 질서의
대전환

1. 기존 질서의 파괴와 새로운 전선
2. 영원한 친구도 적도 없다

NEXT WORLD & KOREA

1

기존 질서의 파괴와
새로운 전선

새로운 4대 전선

제2차 세계대전 이후 세계의 중심 가치였던 자유주의 세계 질서가 흔들리기 시작했다. 도화선을 당긴 것은 종주국인 미국의 트럼프 대통령이었다. 세계가 혼돈과 불확실성으로 가는 신호탄이기도 하다.

미국 럿거스 대학의 수지 김 교수는 자유주의 질서를 "제2차 세계대전 후 미국이 민주주의 증진, 동맹국에 대한 지원과 보호, 자유무역 증진 등으로 미국의 힘을 정당화하면서 만든 일련의 국제 규범·규칙에 기반한 질서"로 정의한다.[60] 특히 김 교수는 미국 내 여론을 전달하면서 "트럼프의 대북 화해가 세계사적 전환점이자 자유주의적 질서의 종언을 뜻하며, 미국이 벌인 많은 전쟁은 안보와 번영을 확대하고, 자유주의적 질서를 공고히 했다"고 말한다.

자유주의 세계 질서의 모범 지역은 서유럽과 북아메리카이다.

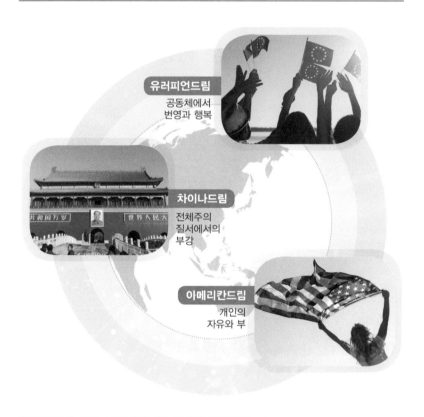

제1, 2차 세계대전을 치른 유럽과 미국은 비극이 재발하는 것을 막기 위해 국제 협력 시스템을 세우는 일에 매진했다. 유럽연합의 전신인 유럽석탄철강공동체(European Coal and Steel Community, ECSC)의 지역 경제 연합, 세계 경제 협력을 조율하는 WTO, 안보 동맹 블록인 NATO 등이 이때 설립되었다. 제3차 세계대전 없이 오랜 기간 평화를 지켜온 것은 그 같은 노력이 있었기 때문이다.

하지만 세계 곳곳에서 새로운 전선들이 형성되면서 자유주의 세계 질서가 시효를 다하고 있다. 정체성과 가치로서의 꿈, 경제, 리더십, 그리고 외교안보 분야에서 새로운 전선이 만들어지고 있다. '미국·유럽·일본 vs 중국·러시아'의 구도에서 '미국 vs 중국·러시아 vs 유럽'이라는 3자 구도로 전환되고 있다.

먼저 정체성과 가치 전선에서는 아메리칸드림, 유로피언드림, 중국몽이 대립하고 있다. 아메리칸드림은 개인의 자유와 부를, 유로피언드림은 공동체에서 행복과 번영을, 중국몽은 전체주의에서의 질서를 추구한다. 20세기는 아메리칸드림의 시대였으나 '소프트 파워'를 두고, 유러피언드림과 중국몽이 대체제로 떠오른 것이다.

둘째, 경제 전선이다. 2017년 8월 21개국 대표가 참석한 가운데 베트남 다낭에서 열린 APEC 회의에서 트럼프 대통령은 자유무역이 아닌 공정무역을 주장했다. 그는 "세계무역기구에 의한 다자협정이 미국의 손발을 묶는다"고 목청을 높였다. 반면에 시진핑은 "세계화는 되돌릴 수 없는 역사적 흐름"이라며 응수했다. 미중 무역 전쟁의 발발을 암시하는 장면이었다. 아이러니하게도 미국이 공정무역을 주창하고 중국이 자유무역의 기수로 나서는 모양새였다.

셋째, 리더십 전선이다. 국제적으로 합리적이고 이성에 입각한 리더십보다 포퓰리즘과 민족주의에 호소하는 '스트롱맨'의 시대가 오고 있다. 러시아의 푸틴, 중국의 시진핑, 미국의 트럼프, 브라질의 보우소나루, 필리핀의 두테르테, 터키의 에르도안, 북한의 김정은 등이 모두 이 부류에 속한다. 자유민주주의와 사회주의라는 국가 정체성보다 권력자의 권위가 앞서고, 대중이 지도자에게 열광하는 형태를 말한다.

넷째, 세계 외교안보 프레임이 변하기 시작했다. 미국이 기존의 틀을 흔들고 있다. 트럼프 대통령은 기존 동맹국인 캐나다와 유럽보다는, 북

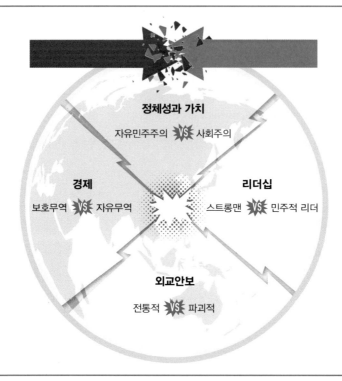

정체성과 가치

자유민주주의 VS 사회주의

경제

보호무역 VS 자유무역

리더십

스트롱맨 VS 민주적 리더

외교안보

전통적 VS 파괴적

한과 러시아에 이른바 '러브콜'을 보내는 모양새이다. 〈뉴욕타임스〉의 칼럼니스트 니콜라스 크리스토프Nicholas Kristof는 대화론자임에도 불구하고 "미국 대통령이 캐나다 총리를 무참히 공격한 며칠 뒤, 세계에서 가장 전체주의 국가의 정상을 껴안는 모습을 바라봐야 하는 것은 솔직히 이상했다"고 썼다.[61]

세계 질서는 어떻게 변하고 있는가? 한반도에는 어떤 기류가 흐르고 있는가? 그리고 어떤 세상이 오고 있는가?

예정된 전쟁

미중 패권 전쟁을 두고 전문가들의 우려가 현실이 되었다. 이는 예고된 전쟁이었다. 《예정된 전쟁》의 저자인 앨리슨 교수에 따르면, 미국과 중국의 패권 전쟁은 피할 수 없는 예정된 전쟁이다.[62]

전쟁은 하루아침에 일어나지 않는다. 항상 사전에 징후가 있다. 수년 전 오바마 정부가 '아시아로의 회귀'를 외치며 중국 견제에 들어갔을 때 미중 전쟁의 예고편이 시작되었다. 하지만 지금과는 결이 완전히 달랐다. 오바마 대통령이 세계의 여론을 주시하면서 '스타일리시'한 리더십을 보였다면, 트럼프 대통령은 직선적이고 감정적인 '인파이터' 스타일을 보이고 있다.

전쟁이 불가피한 이유는 먼저 미국과 중국이 추구하는 정체성과 가치관이 파괴적이고 대립적이기 때문이다. 미국은 자유민주주의와 공정무역을, 중국은 중국 특색 사회주의와 자유무역을 외치면서 서로 반대의 길을 가고 있다. 그 결과가 경제 전쟁이라는 형태로 나타났다.

둘째, 정치 리더십의 충돌이다. 오바마와 트럼프의 리더십이 다르듯, 시진핑과 후진타오의 리더십도 다르다. 트럼프는 '아메리카 퍼스트'의 깃발을 들고 '다시 위대한 미국의 건설'에 나섰다. 시진핑은 '중국몽'을 내걸고 '위대한 중화민국의 부활'을 외치고 있다. 세계의 패권을 노리는 미국과 중국의 철학 및 실현 방식이 너무 대조적이어서 충돌이 예상된다. 과거 미국과 소련의 충돌처럼, 다시 미국과 중국의 '스트롱맨'들이 맞부딪히면서 날카로운 파열음을 내고 있다.

한편 과거의 전쟁이 국제주의와 민족주의의 대결이었다면, 미중 갈등은 민족국가주의끼리의 정면충돌이다. 개인의 자유, 인권, 자유무역 등 보편적 가치보다는 국익을 최우선시하는 정치를 말한다. 서로 자국의 이익을 최우선시할 때 분쟁은 불가피해진다.

이보다 더 위험한 전쟁터가 기다리고 있다. 군사 충돌의 가능성이다. 이미 남중국해에서 일촉즉발의 사태까지 빚었다. 또 미국과 중국이 인도-태평양 지역에서 앞다퉈 군사력을 증강하고 나섰다. 게다가 군비 경쟁은 지상군을 넘어 우주항공과 사이버 분야로 확대되는 양상이다.

2018년 12월 1일 아르헨티나에서 개최된 G20 회의에서 트럼프 대통령과 시진핑 주석은 '향후 90일간 휴전'에 합의했지만, 세계의 언론과 전문가들은 임시적 미봉책에 불과하다고 전망한다. 앞으로도 치열한 협상이 예상되지만, 일단 승기는 미국이 잡았다고 평가한다. 하지만 향후 패권 전쟁의 양상은 복잡하고 다층적으로 진행될 수밖에 없다.

미중 패권 전쟁이 한반도에 어떤 영향을 미치며, 어떻게 위험에 대응하고 기회를 잡을지에 대해 우리도 깊이 생각하며 준비해야 한다. 미국과 중국의 전문가들은 대체로 "미중 패권 전쟁은 장기전이 될 것이다"라고 입을 모은다. 물론 굴곡이 있을 것이다. 하지만 언젠가는 미국과 중국이 정면승부를 미룰 수 없는 날이 올지도 모른다.

2

영원한 친구도
적도 없다

기존 동맹의 해체

"이제 동맹은 없다."

2018년 2월, 독일 베를린에서 구동독의 마지막 총리 한스 모드로프 Hans Modrow가 필자에게 한 말이다. 그는 현재 독일 좌파당 상임고문을 맡고 있다. 2017년 문재인 대통령이 독일을 방문해 쾨르버 재단에서 '신한반도의 평화 비전'이라는 강연을 할 때 독일 측 최고의 귀빈으로 참석하기도 했다.

트럼프 대통령이 관세 폭탄과 방위분담금 증액을 요구하자 자유민주주의 진영에서 가장 먼저 반기를 든 곳은 유럽이다. 미국과 유럽연합은 3차원적 대립과 갈등을 겪고 있다. 먼저 무역 분쟁이다. 미국과 유럽연합 사이에 무역을 둘러싼 설전이 있었고, 유럽연합이 먼저 공격했다. 2018년 7월, 미국의 대표적 IT 기업인 구글에 대해 스마트폰 운영체제

시장 지배력을 남용해 불공정행위를 했다며, 43억 4,000만 유로(약 5조 7,100억 원)의 과징금을 부과했다. 미국은 즉각 반발하며 유럽산 자동차에 대해 관세를 부과하겠다고 대응했다. 유럽연합은 미국에 경고장을 날리며 무역 분쟁에서 밀리지 않겠다는 의지를 보였다. 세실리아 말름스트룀 Cecilia Malmström 유럽연합 통상 담당 집행위원은 "유럽연합이 미국의 유럽산 자동차에 대한 관세 부과에 맞서 보복관세를 부과할 품목들을 준비 중"이라고 밝혔다. 이후 서로 으름장만 놓고서 실제적인 조치는 취하지 않고 있다.

둘째, 'NATO 강화'와 '유럽군 창설'의 대립이다. 트럼프 대통령이 NATO에서 미군을 철수하겠다며 위협하는 가운데 유럽 국가들이 '유럽 독자군' 창설을 외치기 시작했고, 프랑스 마크롱 대통령이 앞장서고 있다. 1990년대부터 시작된 유럽연합 차원의 통합군 창설 논의가 최근 들어 러시아, 중국의 군사력 강화와 미국의 '독불장군' 행동으로 인해 다시 탄력을 받고 있다. 2018년 프랑스의 스트라스부르에서 열린 유럽의회에서 독일 메르켈 총리는 "언젠가 진정한 유럽군을 창설하기 위해 비전을 갖고 노력해야 한다"며 통합된 유럽연합의 군사 조직이 필요하다고 밝히면서 '유럽 독자군' 창설에 힘을 보탰다. 메르켈 총리는 또 "유럽 독자군이 미국 주도의 군사동맹인 NATO를 약화시키지는 않을 것"이라고 말해 미국의 군사력을 견제하는 뉘앙스까지 내비쳤다.

셋째, 유럽의 공동 방위사업 추진이다. 2017년 유럽연합 25개국이 참여한 공동 안보·군사 체제인 '상설구조적 협력PESCO' 체제를 출범시켰다. 다양한 공동 방위사업을 위한 것이다. 합의된 방위사업에는 '중거리 지상발사 미사일 개발', '유럽형 장갑차 개발', '전자전 능력 향상', '차세대 무인 비행기 유로 드론과 공중정찰 비행선 개발' 등이 있다. 독자적인 군으로 가기 위한 사전 작업이다. 대표 사업은 프랑스와 독일이 연합해

차세대 전투기를 공동 개발하는 것이다. 양국은 2040년까지 이 사업을 위해 2018년 양해각서를 체결한 바 있다. 양국의 주력기인 라팔전투기(프랑스)와 유로파이터(독일)를 능가하는 기종이 될 전망이다. 물론 두 국가 간의 헤게모니 싸움이 없지는 않지만, 이미 양국은 미국의 보잉에 맞서 에어버스 민항기를 공동으로 개발한 노하우를 가지고 있다. 또 유럽연합은 일본과도 FTA를 비롯한 군사 협력 파트너 체제를 구축했다.

트럼프 대통령이 기존 동맹 관계를 깨고 자국 중심주의를 강화하자, 유럽은 독자적인 목소리를 내며 미래를 대비하는 모습이다. 슈뢰더 전 독일 총리는 "독일에 있는 미국 외교관들이 마치 점령군처럼 오만하게 행동한다"고 비판했다. 그는 "독일과 유럽이 이제는 동맹 관계를 다시 되돌아볼 때"라고 하면서 "현재 미국의 무역 정책에 대항하는 베를린과 베이징이 가까워져야 한다"고 주장했다. '연중반미'를 외친 것이다.[63]

하지만 미국과 유럽연합은 서로 창을 겨누면서도 뒤로는 서로 닮아가는 모습을 보인다. 미국의 리버럴 세력들은 유럽의 유로피언을 옹호하고 나섰다. 대표적인 이슈로는 '경제민주주의와 노사공동결정제, 대학 등록금 폐지와 최저임금 인상' 등이 있다. 반면에 유럽의 극우민족주의자들은 미국의 트럼피즘을 닮아가고 있다. 반(反)난민 정책과 극우민족주의를 부추기고 있다. 이는 독일, 이탈리아, 헝가리 등으로 점차 확산되고 있다. 향후 이러한 파괴와 새로운 시도가 미국과 유럽, 그리고 세계 질서에 어떤 영향을 미치고, 어떤 결과를 가져올지 관심이 가는 대목이다.

한반도 구도와 전망

미국과 중국의 대립으로 한반도의 역학 관계가 변하고 있다. 냉전 시대

남북 및 4강의 패권 전략과 이해관계

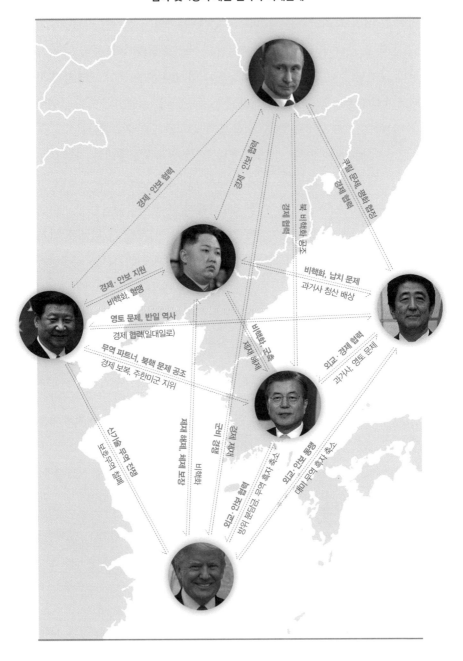

에는 '한·미·일 대 북·중·러' 구도가 명확했지만 북미 정상회담으로 프레임이 바뀌고 있다. 구체적으로 어떻게 구조가 바뀐다는 것인가?

여기에는 고려해야 할 변수가 있다. 먼저 북한의 비핵화이다. 이 부분에 대해서는 한·미·일·중·러가 같은 목소리를 내고 있다. 그래서 북한도 어쩔 수 없이 비핵화를 선언한 것이다. 대북 제재를 더 이상 견딜 수 없기 때문이기도 하다. 북핵 문제에 한해선 국제 공조가 이루어지고 있는 것이다. 다만 우려되는 점은 비핵화의 과정이다. 미중 갈등이 첨예해지면서 미국과 중국이 각각 북한을 카드로 활용할 수 있다. 국내에서도 "미중 패권 싸움에 한반도가 하나의 지렛대나 카드로 쓰일 가능성에 대해 우려해야 한다"는 말이 나오는 이유이다.[64]

둘째, 외교안보 차원이다. 아직 한반도에는 냉전의 그림자가 존재한다. 군사적으로는 '한·미·일 대 북·중·러'의 대결 구도가 유지되고 있다. 이를 극복하려면 다자안보 체제로의 전환이 필요하다. 북대서양조약기구나 유럽안보협력회의처럼 6자 회담 국가들이 참여한 동북아 버전의 공동 안보 체제가 필요하다는 뜻이다.[65] 외교안보는 군사 문제와도 관련된다. 군사적 차원이야말로 가장 어려운 분야이다. 우리는 한국전쟁이라는 뼈아픈 경험을 한 바 있다. 그리고 2017년에는 사드 배치에 대한 중국의 보복을 겪기도 했다. 한반도가 열강의 군사 대결장이 되는 것은 반드시 막아야 한다.

셋째, 경제 통상 차원이다. 격화되는 미중 무역 전쟁에서 양국은 우리에게 한쪽을 선택할 것을 요구하고 있다. 2018년 APEC 회의에서 시진핑 주석과 미국의 펜스Mike Pence 부통령이 행동으로 잘 보여주었다. 일본은 '국익을 최우선'으로 국제 관계를 만들어가고 있다. 아베 총리가 중국을 방문해 미국이 비판하는 '일대일로 사업'에 참여하기로 협약을 맺기도 했다. 전환기에는 전통적인 동맹 관계에 얽매일 필요가 없다는 것을 일본이 보여주고 있다. 하지만 대한민국은 일본같이 국제적으로 입김이 강하지 못할 뿐만 아니라, 미국에 대한 의존성이 높기 때문에 제약이 따른다.

대한민국도 국면에 따라서 전략적으로 판단을 해야 한다. '모 아니면 도'라는 양자택일이 아니라 상황에 따라 '분리해서' 행동하라는 주문이다. 예를 들어 독일은 미국과는 군사적 동맹을, 러시아와는 전략적 파트너 관계를 유지하고 있다. 국제 관계에서 일방적인 적과 아군은 없다는 것을 보여준다. 그러나 아쉽게도 대한민국의 외교가 양자택일에 매몰되어 있다는 비판이 적지 않다. 한쪽은 일방적으로 미국을, 다른 한쪽은 일방적으로 중국을 선택한다. 미국과는 군사안보를 견고히 하되, 경제적으로는 중국과 전략적 파트너 관계를 유지·관리하는 전략을 놓지 말아야 한다. 미중 신냉전 시대에는 특히 일본과의 관계가 중요하다. 일본은 미국과 중국 사이에서 유용한 레버리지가 될 수 있나. 독일과 프랑스가 좋은 관계를 유지하며 미국과 러시아에 독자적인 목소리를 내고, 유리한 조건을 만드는 것에서 교훈을 얻어야 한다. 하지만 한일 관계는 위안부, 징용 문제 등에 붙잡혀 미래가 아닌 과거로 회귀하고 있다. 한일 관계를 새로운 국면으로 전환할 전략이 필요하다.

북한은 어떨까? 일단 북중 관계에는 큰 변화가 없다. 이러나저러나 순망치한脣亡齒寒의 관계이다. 시진핑 주석은 김정은 위원장과의 3차 정상회담에서 북한에 대한 '3무無 변화 원칙'을 천명했다.

1) 북중 관계 발전에 대한 중국 공산당과 정부의 지지
2) 북한 인민에 대한 중국 인민들의 깊은 우의
3) 사회주의 북한에 대한 지지

'중국판 북한 체제 보장'이라고 할 만하다. 그러나 중국 전문가인 성균관대 이희옥 교수는 "시진핑이 김정은에게 한 세 가지 약속은 오히려 개혁·개방을 하라는 메시지로 읽어야 한다"고 강조한다. 중국식 개혁·개방 모델을 북한이 수용하라는 것이다.

북한은 내심 중국의 영향력에서 벗어나길 원한다. 북한은 과거부터 진자振子 외교로 유명하다. 냉전 시대에는 중국과 소련 사이에서 진자 외교 전략을 펼치며 살아남기도 했다. 북한이 다시 미국과 중국 사이에서 진자 외교를 펼칠 가능성이 있다. 외교안보 전문가인 〈중앙일보〉의 오영환 논설위원도 "역사적으로 북중 관계를 분석하면, 북한은 다시 미중 사이에서 등거리 외교에 나설 가능성이 높다"고 견해를 같이했다.

2장
스트롱맨들의
리더십 전쟁

1. 리더십 대결의 배경

2. 트럼프의 '크레이지' 리더십

3. 시진핑의 '황제' 리더십

4. 아베의 '애국주의 마초' 리더십

5. 푸틴의 '차르' 리더십

NEXT WORLD & KOREA

1

리더십 대결의
배경

세계적으로 '스트롱맨'과 '포퓰리즘' 리더십이 확산되면서 기존의 리더십 형태와 충돌하고 있다. 대표적인 '스트롱맨' 리더로는 트럼프, 푸틴, 시진핑, 두테르테, 보우소나루, 에르도안 등이 있고, 많은 유럽 국가에서도 이른바 '극우'라고 불리는 정치 리더들이 지지 기반을 넓히고 있다. 이러한 리더들에게는 직설적 화법, 강력한 중앙집권적 권력, 자국 중심주의라는 공통점이 있다.[66]

스트롱맨 리더십에는 두 가지 배경이 필요하다. 첫째는 권력이 1인에게 집중되는 정치 체제이다. 전체주의적 국가나 제왕적 대통령제를 운영하는 나라로, 중국, 북한, 러시아, 터키 등이 대표적이다. 같은 민주주의 체제여도 영국이나 독일같이 의회제도가 발전한 국가에서는 총리가 막강한 권력을 행사하지 못하고, 반대층도 포용하는 민주적 리더십을 발휘해야 지지를 받을 수 있다.

스트롱맨의 리더십이 나타나는 또 다른 조건은 '국가의 위기'이다. 스트롱맨들은 "국가가 경제적, 정치적 혼란으로 어려움에 처했을 때 나타나 강력한 리더십으로 대중의 높은 지지를 받는다는 점"이 비슷하다. 트럼프 대통령과 아베 총리가 대표적이다.

장기화된 글로벌 경제 침체와 4차 산업혁명이라는 시대 전환이 맞물리면서 전 세계적으로 갈등과 불안이 높아졌다. 역사를 보면 그럴 때마다 국민들은 카리스마적인 리더에게 의존하려고 했다. 이런 현상이 오늘날 트럼프 대통령의 취임을 기점으로 세계 곳곳으로 퍼져나가고 있다. 세계를 움직이는 규칙과 기존의 국제 질서가 지각변동을 일으키는 시점에서 4강의 스트롱맨들에게 세계의 이목이 집중되고 있다. 예측할 수 없는 그들의 돌발적인 행보가 엄청난 파급력을 지니고 있기 때문이다. 네 명의 이해관계가 부딪히는 한반도에서 살아가는 우리에게는 장기 집권을 노리는 4강 스트롱맨들이 어떤 사람인지, 무엇을 원하는지 정확히 분석하고, 그에 맞게 적절한 전략을 세우는 일이 무엇보다 중요하다. 그런 의미에서 4강의 리더 트럼프, 시진핑, 아베, 푸틴의 리더십 스타일을 분석해보고자 한다.

2
트럼프의
'크레이지' 리더십

블랙스완, 거래의 달인

경희대학교 미국학과 안병진 교수는 트럼프의 리더십을 '블랙스완 리더십'이라고 표현한다. '블랙스완'이란 "아무도 예측하지 못하지만 파급효과가 대단히 큰 사건이 발생한 후에야 그것이 불가피했다는 점을 모두 알게 되는 현상"을 뜻한다. 트럼프의 예측 불가능성은 대통령 선거운동 기간에 특히 돋보였다. 그는 분열된 미국의 정서를 빠르게 눈치채고 그것을 적극 활용하여 대통령에 당선되었다. 당시 힐러리 클린턴의 당선을 당연시하던 〈뉴욕타임스〉 등의 매체를 비롯해 모두의 예측을 깨고 트럼프가 백악관에 입성한 것이다. 미국뿐 아니라 전 세계가 놀라움을 금치 못했다. 이후 언론은 "트럼프의 당선은 불가피한 시대의 산물"이라고 분석했다.

그제야 미국 사회의 정치적 양극화가 얼마나 심한지, 특히 백인 노동자들의 불만이 얼마나 강했는지 알게 되었다. 러스트벨트 지역은 전통적으로 민주당을 지지해왔지만 지난 대선에서는 트럼프의 가장 강력한 지지 기반이 되었다. 이들의 가려운 곳을 긁어주는 트럼프 대통령의 당선 자체가 '블랙스완'이었다. 또한 트럼프 대통령이 촉발한 미중 무역 전쟁 역시 일종의 '블랙스완'이다. 미국과 중국은 협력적으로 공생하는 관계였다. 하지만 모두의 예측을 깨고 미중 무역 전쟁이 발발했고, 전 세계에 어마어마한 파급력과 도미노 효과를 일으키고 있다.

주류 언론은 트럼프의 리더십을 어디로 튈지 모르는 럭비공에 비유하거나, '크레이지crazy 전략'이라고 묘사한다. '크레이지'라는 단어에는 긍정적인 의미와 부정적인 의미가 둘 다 담겨 있다. 예측불허인 트럼프는 기존 상식을 뒤엎고 지금도 자신의 룰을 만들어가고 있다.

트럼프 리더십의 배경과 특성

트럼프의 리더십을 이해하려면 그가 자라온 환경을 살펴볼 필요가 있다. 트럼프는 1946년 뉴욕 시 퀸스에서 독일계 이민자 2세인 부동산 사업가 프레드 트럼프와 아일랜드계 어머니 사이에서 3남 2녀 중 넷째로 태어났다. 어린 시절 거칠고 반항적인 기질을 보이자 아버지는 그를 군대식 기숙학교인 뉴욕 군사학교에 입학시켰다. 트럼프는 이후 명문대인 펜실베이니아 대학교 와튼스쿨에서 경제학 학사 학위를 받았다.

아버지에게 경영 수업을 받은 그는 1971년 경영권을 물려받은 뒤 회사명을 자신의 이름에서 딴 '트럼프 코퍼레이션'으로 변경했다. 뉴욕의 심장 맨해튼에 진출해 코모도 호텔을 인수한 후 그랜드 하얏트 호텔로 재개발하며 이름을 날렸고, 5번가에 뉴욕의 랜드마크가 된 '트럼프 타워'를 지어 완공시키며 아메리칸드림의 상징적인 인물이 되었다. 유명세를 탄 트럼프는 자신의 이름으로 호텔, 골프장, 카지노 등을 건설하며 승승장구했다.

그는 또 다양한 이벤트와 쇼를 진행했다. '미스 USA'와 '미스 유니버스 대회'를 개최하고, 2004년부터 NBC 방송국에서 〈어프렌티스The Apprentice〉라는 리얼리티 쇼 프로그램을 진행하면서 대중의 인기를 끌었다. 트럼프는 세 번이나 결혼했다.

그는 일찍이 여러 정당을 옮겨다니며 정치에 관심을 보이기도 했다. 2000년 제43대 대통령 선거에서 개혁당 경선에 나섰으나 중도 하차했고, 2015년 공화당으로 돌아와 제45대 대통령에 당선되었으니, 마침내 정치의 꿈을 이룬 셈이다.

트럼프의 인생 경로는 '건설업 비즈니스맨', '쇼 사회자', '워싱턴 아웃사이더 출신 정치인', 이렇게 3단계로 구분된다. 이런 과정을 거치면서 그는 자신만의 독특한 '아우라'를 만들어왔다. 부동산 사업가로서 장사꾼의 마인드와 논리, 그리고 협상의 기술을 얻었다. 트럼프 같은 비즈니스맨은 상대방이 자신감에 차 있을 때 그가 놓친 허점을 잘 파악해 저지선을 무너뜨리고, 상대방으로 하여금 커다란 위협감을 느끼게 하면서 자신의 목적을 이룬다. 이것은 트럼프가 중국과 북한을 다루는 방식에서 적나라하게 나타난다. 중국이 G2라는 자신감에 차 있을 때 무역수지, 환율, 체제에서의 약점을 잡아 공격하고 있다.

또 유명한 방송인으로 인지도를 쌓은 트럼프 대통령은 누구보다 미디어의 생리를 잘 이용할 줄 아는 사람이다. TV 프로그램 진행자답게 TV 토론회에서 자신에게 사람들의 이목을 집중시키는 데 발군의 능력을 보여주었고, 트위터 하나로 자신에게 반대하는 주류 언론들을 상대하고 있다. 그리고 폭스 TV 출신의 캐슬린 맥팔런드Kathleen McFarland와 헤더 나

워트Heather Nauert를 각각 백악관 국가안보 부보좌관, 국무부 대변인으로
임명하기도 했다.

떠오르는 트럼피즘

미국 프린스턴대학교 교수이자 경희대학교 석좌교수인 존 아이켄베리
John Ikenberry는 트럼프와 미국의 역할 변화를 설명하면서 "지금 미국은
글로벌 리더의 역할을 하고 있지 않으며, 이로 인해 문제가 야기되고 있
다"고 분석한다.[67] 세계 경찰로서 미국의 역할을 포기했다는 것이다. 트
럼프 대통령이 전 국방장관 매티스와 충돌한 원인이기도 했다.

트럼프는 세계적으로 반反난민, 포퓰리즘의 상징이 되었다. 그의 '스
트롱맨' 스타일은 서방 자유주의 신영을 위협하기 시작했다. 그는 또
G20, G7, NATO 등 국제 회의에서 주요 국가들이 함께 결정하는 기존
정책들을 뒤집고 있다. 파리기후협약 탈퇴, 이란 핵 협정 파기, 방위분담
금 압박 등이 대표적이다.

자유무역의 기수이며 세계 경찰국가인 미국이 자국 우선주의의 길을
택하자 많은 국가가 각자도생의 길을 가겠다며 트럼피즘과 같은 스트롱
맨, 포퓰리즘으로 변화하고 있다. 유럽은 물론 중남미로도 확산되었다.
'브라질의 트럼프'로 불리는 자이르 보우소나루가 대통령에 선출된 것
도 궤를 같이한다. 이와 맞물려 유럽연합을 이끌어 온 독일의 메르켈 총
리가 정계 은퇴를 선언했다. 세계 정치 지형 변화의 기조를 보여주는 상
징적 사건이다. 미국의 CNN은 "메르켈리즘이 지고 트럼피즘이 부상하
고 있다"고 분석했다.[68] 트럼프 대통령의 자국 우선주의가 전 세계의 정
치 지형을 바꿨다는 평가가 나오는 이유이다. 한동안은 세계적으로 트럼

피즘이 더욱 기승을 부릴 것으로 전망된다.

워싱턴 룰

글로벌 질서와 관련해서 미국 워싱턴을 지배하는 규칙이 있다. 이를 '워싱턴 룰Washington Rules'이라고 부른다. '워싱턴 룰'이란 2차 세계대전 종전부터 현재까지 유효한 "미국만이 국제 질서를 규정하고 운영할 특권과 책임을 가지고 있다"는 신념이다. 다시 말해 "미국은 강력한 군사력을 유지해야 한다"는 기조가 저변에 깔려 있는 믿음을 말한다. 저명한 국제관계 및 안보 전문가이자 보스턴대학교 교수인 앤드루 바세비치Andrew Bacevich는 이와 관련해 미국인들의 심리에 깊숙이 뿌리내린 두 요소를 거론한다. 하나는 "미국만이 세계를 이끌고 구원하고 해방하며 궁극적으로 변형시킬 임무와 특권을 갖는다"는 신조이고, 다른 하나는 "미군의 세계 주둔, 세계 군사력 힘의 투사, 세계 개입주의"의 삼위일체 Trinity이다. 이 두 요소가 서로 맞물리며 '워싱턴 룰'을 지탱하고 있다.

바세비치 교수는 이러한 미국인의 특성 때문에 오사마 빈라덴과 사담 후세인이 사라졌지만 "미국은 계속 전쟁을 하게 된다"고 비판한다.[69] 그의 주장에 따르면, 미국의 유일주의는 조지 부시 대통령이나 딕 체니 부통령 등 특정 정치인의 특성이 아니라 근본적으로 미국 시스템 자체에 심겨진 것이다. 미국의 외교안보 정책은 100년 전부터 한결같이 전 세계에서 미국 기업의 자유로운 활동에 초점을 맞추고 있으며 어느 정부나 최우선으로 삼는 관심사는 '국익'이고, 목표를 이루는 수단으로서 군사외교 옵션을 사용할 수밖에 없다.

미국은 세계 패권을 유지하기 위해 압도적 군사적 우위를 기반으로 외교안보 정책의 기틀을 세운다. 그 중심에 중앙정보국CIA, 전략공군사령부SAC가 있고, 방위산업체, 금융기관, 보수적 싱크탱크들이 주변부를 감싸며 '워싱턴 룰'을 지탱하고 있다. 바세비치의 중요한 지적들 중 하나는 전쟁에 관한 한 "민주당과 공화당이 공범"이라는 것이다. 전쟁은 반드시 군사 전쟁만을 의미하지 않는다. 1980년대에 소련을 상대로 레이건 대통령이 이른바 '경제 전쟁'을 일으켰고, 트럼프 대통령도 중국을 대상으로 군사전쟁 대신 경제전쟁을 선택했다.

한편 트럼프 대통령은 '워싱턴 룰'을 기존과 달리 독불장군 방식으로 지켜가고 있다. 워싱턴의 이단아가 살아남는 방식이기도 하다. 이런 방식이 '워싱턴 룰'을 지탱하는 기득권의 반발을 불러일으킨다. 당연히 미국 내 갈등이 심해질 수밖에 없다. 트럼프 대통령의 재선도 '워싱턴 룰'을 어떻게 다루느냐에 달려 있다고 봐도 과언이 아니다. 어쨌든 미국의 패권을 유지하기 위해서 트럼프 대통령은 신중상주의 정책을 펴고 있다. 그러나 미국이라는 나라를 보건대 트럼프 대통령의 방식이 아니더라도 '워싱턴 룰'과 '중국몽'의 마찰은 어떤 형태로든 일어났을 것이다.

3

시진핑의
'황제' 리더십

세계 영도

2013년 중국 공산당 주석으로 취임한 시진핑이 "앞으로 50년 동안은 미국에 맞서지 말라"는 덩샤오핑의 유훈을 무시하고 미국의 패권에 도전함으로써 돌이킬 수 없는 미국과의 패권 경쟁을 치르게 되었다. 천하의 황제가 되겠다는 야심을 천명한 시진핑의 인생 경력을 살펴보자.

그는 혁명 원로의 자제와 친인척으로 구성된 '태자당'의 일원으로 태어났다. 중국판 금수저인 셈이다. 아버지 시중쉰智仲勳은 혁명전쟁에서 마오쩌둥의 동지였고 국무원 부총리까지 역임한 엘리트였지만, 시진핑이 아홉 살 때 문화대혁명의 반동으로 몰려 감옥에 수감된다. 시진핑은 홍위병에게 아버지를 비난하도록 강요받는 인고의 세월을 보내면서도 공부에 매진했다. 심지어 도서관에서 책을 훔쳐 혼자 독학하기도 했다. 또한 마오쩌둥의 명령으로 시골에서 농부의 감시하에 살았고, 그의 이복

누나는 자살하는 아픔을 겪기도 했다.

그래서 그런지 시진핑은 '다시 태어났다'는 표현을 썼다. 정상으로 오르는 과정에서 수단과 방법을 가리지 않은 그는 붉은색보다 더 붉은색 당원이 되었다. 아홉 번이나 당원 가입을 거부당했지만 포기하지 않았고, 결국 열 번 만에 당원이 되었다. 아버지의 옛 친구의 도움으로 베이징으로 돌아가 칭화대학교를 졸업한 뒤 중앙군사위원회의 말단 사무직원으로 지방에서 공직 생활을 시작했고, 꾸준히 승진한 끝에 1977년 당 중앙위원회 위원이 되었다. 실적도 좋았다. 2002년 저장성 당위원회 서기로 근무하는 동안 연간 33%의 경제 성장을 달성할 정도였다.

2005년까지만 해도 당 지도자 후보로서 그의 이름이 오르내리지 않았다. 그러던 중 기회가 왔다. 후진타오 시대의 부패 스캔들이 중국을 뒤덮은 것이다. 강직하고 엄격한 인물로 알려진 시진핑이 중앙위원들의 눈에 들어왔고 그는 동료들의 감탄을 자아낼 만큼 단호하고 쌀쌀하게 일을 처리했다. 2007년 드디어 중국 최고 권력자인 9명의 중앙상무위원으로 선출된 시진핑은 더 나아가 후진타오의 후계자로 부상했다. 권력을 손에 쥔 그는 반부패라는 명목으로 저우융캉周永康, 보시라이薄熙來 등 정적들을 제거해 나갔다.

주석으로 취임한 이후 집권 1기에는 집단 지도 체제에서 1인 권력 체제로 옮겨가기 위한 사전 작업도 진행했다. 확실하게 자신의 손에 권력을 집중시킨 것이다. 국내에서 황제에 가까운 권력을 쥔 그는 이제 아시아를 넘어 세계 영도의 야망을 키워가고 있다.

중화사상 · 마르크스-레닌주의 · 마오이즘의 융합

시진핑의 급진적인 사상은 어디로부터 온 것인가? 중국 전문가들은 중화주의, 마르크스-레닌주의, 마오이즘이 결합된 것이라고 해석한다. 먼저 중국은 중화주의에 기반해 천하를 지배해야 한다는 역사관에 도취되어 있다. 과거 2,000년 전 진시황 이래 줄곧 이어져온 주장이다. 마오쩌둥이 이를 신봉했고, 시진핑은 이를 사상적으로 강화하고 있다. 민족주의의 강화라고 볼 수 있다.

둘째, 마르크스-레닌주의이다. 사회주의 종주국인 러시아나 독일을 넘어 사회주의 정신을 성공적으로 계승하고 발전시킨 유일한 국가라는 자부심이 있다. 미국식 자유민주주의로부터 체제를 방어하는 데 효율적인 전략·전술이기도 하다. 나아가 중국이 반미의 중심에 있다는 것을 보여줌으로써 반미 국가들의 연합을 주도하겠다는 뜻이기도 하다.

셋째, 마오이즘이다. 시진핑은 덩샤오핑을 넘어 '절대 권력자' 마오의 반열에 서는 것을 목표로 한다. 그는 40년 간의 집단 지도 체제를 끝내고 1인 체제를 확립했고, 19차 중국 공산당 전국대표회의에서는 '시진핑 신시대 중국 특색의 사회주의 사상'이라는 이름의 '치국이정治國理政'이 당헌에 삽입되었다. 시진핑 개인이 당보다 위에 있다는 뜻이다.

중국 전문가들은 시진핑이 황제의 길, 즉 영구 집권으로 가는 데에는 두 가지 이유가 있다고 한다. 먼저, 중국인들은 아직 감정이 이성보다 앞서고 비이성적인 사고로 가득하다는 것이다. 리샤오 교수 등이 주장하는 내용이다. 둘째로 국수주의를 강화하기 위해서이다. '지식에서의 의화단'이라고 비판한다. 일종의 포퓰리즘으로 반미 정서를 국내 정치에 활용하는 것이다.

21세기 진시황이 될 것인가

시진핑은 중국 헌법 제79조 3항인 '연속 임직은 두 번을 초과할 수 없다'라는 조항을 삭제하며 장기 집권의 발판을 마련함으로써 명실상부 중국의 '21세기 황제'가 되었다.

황제라는 단어가 처음 사용된 것은 진시황 때였다. 기원전 221년 6국을 멸망시키고 중원을 통일한 진나라 왕 영정은 중국 천하를 제패한 자신을 찬양하고 홍보하기 위해 '황제'라는 존칭을 만들었다. 이후 청나라 마지막 황제 부의가 1911년 신해혁명으로 쫓겨나기까지 2,132년 동안 중국은 황제의 통치를 받았다.

시진핑 정부는 2017년 10월 19차 전당대회에서 중국의 새로운 3단계 발전 로드맵을 제시했다. 건국 100주년까지의 발전을 3단계로 구분한 것이다. 2017년부터 2020년까지 전면적 소강사회를 달성하고, 2035년까지는 사회주의 현대화 국가, 2050년까지는 사회주의 강국을 건설한다는 것이다. 또한 국가 비전으로 내세운 '중국몽'을 실현하겠다는 야심을 제시했다. 고려대 서진영 교수는 "시진핑이 중국몽을 달성하려면 중간 단계인 2035년까지 집권하는 것을 계획하고 있는 듯하다"고 전망했다.[70] 2035년이면 그의 나이가 82세이지만, 황제에게는 은퇴가 없다. 마오쩌둥은 83세까지 집권했다.

시진핑의 야망은 마오쩌둥이나 진시황에 버금가는 위상의 인물로 자리매김하는 것이다. 이에 대한 비판도 거세다. 문화대혁명으로 수많은 사람들의 목숨을 앗아간 황제 마오쩌둥의 피해를 겪은 덩샤오핑은 개혁·개방과 더불어 집단 지도 체제를 만들었다. 분권화와 연합 체제가 효율적으로 개방사회로 나아갈 수 있기 때문이다. 이후 40년간 중국의 개혁·개방은 성공적이라는 평가를 받아왔다. 그러나 이제 고속 성장의 시대가 지났다. 중국에는 새로운 발전 모델과 전략이 절실하다. 그들은 독재의 강화라는 민주주의와 정반대의 길을 선택했다. 진시황이 되고 싶은 시진핑의 꿈은 이루어질 수 있을까?

세계 패권 야욕

과연 중국이 세계 최강국의 영광을 재현할 수 있을 것인가? 시진핑 주석은 2012년 취임사에서 "중국의 가장 멋진 꿈은 중국이 멋지게 부활하는 것"이라고 선포했다. 중국은 왜 성급하게 패권이라는 발톱을 드러내게 되었는가?

청나라 이후 중국은 힘을 잃었지만, 수천 년간 세계 최강국이었던 중국에는 '중화'라는 패권의 DNA가 남아 있다. 세계 4대 문명 중 황허 문명의 발상지인 중국은 첨단지식과 과학기술로 종이, 화약, 인쇄술 등을 최초로 발명했다. 콜럼버스가 17척의 배로 아메리카 대륙을 발견한 1492년 보다 90년 앞서 명나라의 정화는 200척이 넘은 대규모 함대를 이끌고 아프리카까지 30개국을 탐방했다. 17세기 때 청나라 인구는 세계 인구의 37%에 달했고, 전 세계 GDP의 33%를 차지했다. '대국'이라는 자긍심이 지워지기에 70년은 짧은 시간이었다.

중국에서 황제는 신이자 전능자였다. 황제의 권력이 강력할 때면 민란이나 혼돈이 없었다. 중국인의 머리에는 '강력한 중앙 통치가 나라를 안정시킨다'는 생각이 자리를 잡았다. 싱가포르의 리콴유李光耀 전 총리는 "일부 서양 국가는 서구식 민주주의가 중국에 도입되는 것을 보고 싶어 하겠지만 아마도 그런 일은 일어나지 않을 것"이라고 못 박았다.[71] 중국은 중국의 길, 황제의 길로 가겠다는 것이다. 여기서 근본적인 물음이 제기된다. 17세기까지 최강을 유지한 중국이 어떻게 유럽의 열강들에 의해 처참한 굴욕을 당하게 되었는가?

중국과 유럽의 '초격차'가 시작된 가장 큰 원인은 국가 체제에 있다. 《총, 균, 쇠》의 저자 재레드 다이아몬드Jared Diamond는 "근대 유럽의 힘은 과학기술, 자본, 산업혁명, 신식 군대, 그리고 민주주의 정치철학에서 출발했다"고 주장한다.[72] 분열되고 자치화된 대륙의 경쟁 환경에서 유럽의 가치와 파워가 발전했다고 보았다. 국가와 도시 간 최적의 분열은 각 지역, 각 나라의 경쟁과 혁신을 유발한다는 것이다.

또 다른 원인은 전쟁이다. 근대 유럽은 광기와 전쟁이 끊이지 않는 곳이었다. 중국이 강력한 중앙집권 통제로 안정과 평화를 유지하고 있을 때, 서구에서는 총기와 증기선이 발명되었다. 강력한 중앙집권 통제에서는 혁신과 경쟁이 어려운 반면, 적당한 자치와 분열이 있는 곳에서는 기술 발전에 대한 경쟁이 지열해질 수밖에 없다. 이것이 전체 시스템을 발전시키는 결과를 가져온다. 즉 유럽의 힘은 경쟁에서 비롯된 것이다. 애덤 스미스Adam Smith의 《국부론》은 유럽인에게 '보이지 않는 손'이 시장경제를 원활하게 작동하도록 만든다는 믿음을 심어주었다. 자유시장과 민주주의가 최고의 가치로 자리매김한 것이다.

마오쩌둥은 자유민주주의나 시장경제를 거부하고 계획경제와 사회주의 국가를 만들었다. 소련이 간 길을 답습한 것이다. 중국을 통일하고 외세와의 전쟁에서는 승리했지만, 중국 인민들은 고난의 길을 걸어야 했다. 최악은 문화대혁명이었다. 프랑스에서 유학한 덩샤오핑은 공산주의의 한계를 깨닫고 중국의 문을 열었다. 그리고 40년 만에 중국은 세계 G2의 반열에 올랐다. 그러나 덩샤오핑의 '도광양회'가 빛을 잃고 중국의 파워가 강해짐에 따라 중화주의가 다시 고개를 들기 시작했다. 그동안 숨기고 있었던 패권에 대한 발톱을 드러낸 것이다.

아베의
'애국주의 마초' 리더십

국화와 칼

불확실성과 불안정성의 먹구름이 세계를 뒤덮고 있는 형국이다. 특히 중국의 부상과 미국 트럼프 대통령의 '미국 우선주의' 정책은 일본의 미래를 안개 속으로 밀어 넣고 있다. '잃어버린 20년'에서 벗어나기 위해 일본은 강한 일본을 만들어갈 새 리더십을 필요로 했다. 이 같은 환경에서 아베 총리가 등장했다. 아베 총리는 마초와 푸들이라는 양면적 리더십을 동시에 보인다. 상대가 누구냐에 따라 다르게 나타난다. 애국의 리더십인 것이다. 중국과 북한에 대해선 맞대응하는 스트롱맨 리더십, 미국에 대해선 푸들의 리더십을 보인다. 이는 일본인의 속성을 잘 묘사한 '국화와 칼'과도 맥이 닿아 있다. 부드러움과 강함이 교차하는 대목이다.[73]

아베는 어떻게 일본 역사상 최장수 총리가 되었는가? 최근 일본은 중국에 대한 두려움이 있다. 센카쿠 열도를 넘보는 중국에 대해 아베가 강경하게 나오는 것에 국민들은 박수를 보내고 있다. 아베가 높은 지지를 받는 이유이다. 또 아베노믹스로 경제가 회복되면서 아베가 장기 집권으로 갈 수 있는 두 바퀴를 구축했다. 아베의 삶을 살펴보자.

1954년에 태어난 아베는 일본 최고의 정치 가문 출신이다. 어렸을 때는 평범하고 착한 학생이었다고 알려져 있다. A급 전범으로 옥살이를 한 기시 노부스케岸信介 전 총리가 외조부이고, 아베 신타로安倍晉太郎 외무상이 아버지이다. 아버지와 친한 고이즈미 전 총리가 아베를 키워주기도 했다. 아베는 일본 제국주의를 주창한 사상가 요시다 쇼인誧松陰을 가장 존경하는 인물로 꼽으며, 쇼인의 신사를 참배하기도 했다. 쇼인은 안중근 의사에게 저격당한 이토 히로부미伊藤博文 등에게 제국주의를 가르친 인물이다. 아베는 어릴 때부터 보수적인 집안 환경에서 자랐다. 2013년 방미 강연 도중에 "나를 '우익 군국주의자'라고 불러도 좋다"라고 공개적으로 말할 정도이다.

아베는 모리가나 제과 사장의 장녀인 아키에와 결혼했다. 당시 정계와 재계의 만남으로 화제가 되었다. 아내 아키에는 열렬한 한류 팬이다. 아베가 한국 행사에 참여할 때면 '안녕하세요' 등 한국말을 구사하기도 한다. 아베는 일찌감치 정계에 입문했는데, 50대 초반에 관방장관을 거쳐 2006~2007년 첫 총리 시절에 일본의 방위청을 방위성으로 바꾸어 군사력을 강화했다.

아베가 1차 총리직에서 실패한 원인은 '리더십 한계'와 일본이 당면한 '문제해결 능력'이 없었기 때문이다. 그는 금수저로 자민당 정권을 물려받았지만 2007년 선거에서 민주당에 대패했다. 일본 민주당이 실정을 저지르고 동일본 대지진 때 제대로 대응하지 못하자 아베에게 다시 기회가 왔다. 그는 2012년 '아름다운 나라'를 내걸고 다시 총리에 당선된다. 이후 그는 아베노믹스와 우경화로 국민의 지지를 얻어 최장수 총리의 길을 가고 있다.

아베 리더십의 뿌리

일본을 분석하기 위해 국내 최고의 전문가인 국민대 이원덕 교수와 〈중앙일보〉 오영환 논설위원을 만났다. 이들은 공통으로 아베 리더십의 뿌리를 세 가지로 설명했다.

첫째는 메이지 유신이다. '강한 일본'을 만들기 위해 메이지 유신의 부활이 필요하다는 것이다. 아베는 일본을 아시아의 맹주로 만든 메이지 유신을 아주 높게 평가하고 있다. 메이지 유신이 일본 역사의 분기점이었기 때문이다. 2018년은 메이지 유신 150주년이 되는 해였다. 메이지 유신은 일본 열도에서 거대한 사회변혁을 가져온 대사건이었다. 일본이 아시아를 대표하는 경제·군사 강국으로 부상하는 원동력이 되었다. 미국과 서유럽의 몇 개국을 제외하면 19세기 말까지 산업혁명과 헌정憲政을 함께 이룬 나라는 동양에서 일본이 유일했다. 2020년 도쿄 올림픽을 앞두고 강한 '일본 부활'을 기치로 내건 아베 정권은 메이지 유신 150주년을 적극 활용하고 있다

둘째, 나카소네中曾根 전 총리의 정치적 노선 계승이다. 이는 아베의 아버지가 걸었던 길이기도 하다. 나카소네는 미국의 레이건과 함께 냉전시대를 끝낸 정치인으로 평가받는다. 그는 또 미국과의 통상 갈등을 레이건 대통령과의 담판을 통해 해결했다. 당시 두 정상은 통상 현안이 미일 동맹을 방해하지 않도록 정치력을 발휘했고, 이후 서로를 퍼스트 네임으로 호칭하는 '론-야스' 밀월 관계로 발전했다. 아베 총리도 트럼프 대통령과 이런 관계를 만들려고 한다.

셋째, 2006~2007년 실패의 교훈이다. 아베는 2006년 총리직에 올랐으나 1년으로 단명했다. 하지만 실패가 교훈이 되었다. 어떻게 장기 집권을 하고, 어떤 방향으로 일본을 이끌어가야 할지에 대한 노하우를 습득한 것이다. 2011년 동일본 대지진과 후쿠시마 원전 사고가 발생했을 때 당시 민주당 정권이 제대로 대처하지 못했다. 다시 기회를 잡은 아베는 자신있는 모습으로 '일본 부흥'을 내세워 선거에서 승리했다. 상처받은 일본 국민의 마음을 잘 헤아린 것이다. 아베노믹스로 일본 경제가 다시 부흥하고 있다.

헌법 개정인가, 새 북일/일중 관계인가

2018년 9월 자민당 총재 선거에서 아베 총리가 이시바 시게루石破茂 전 간사장을 큰 표차로 누르고 승리했다. 아베는 의원내각제인 일본 정치 시스템에서 집권당 총재가 총리를 맡는 관행에 따라 총리직을 계속 맡게 되었다. 오영환 논설위원은 "자민당의 당규에 따라 총재를 세 번까지 할 수 있고, 임기가 3년인 아베 총리는 2021년 9월까지 총리직을 맡게 된다"고 설명했다. 2021년이 지나면 더 이상 총리직을 맡을 수 없다. 같은 내각제이지만 메르켈 총리가 네 번째로 총리직을 수행하고 있는 독일과 다른 점이다.

아베는 재임 기간이 끝나는 2021년 전에 족적을 남기려고 한다. 이원덕 교수는 그것이 "헌법 개정을 추구하게 될 것"이라고 전망한다. 아베 총리는 2018년 자민당 양원 의원 총회에 참석해 "일본은 지금 역사의 전환점을 맞이하고 있다"면서 "교육의 무상화와 사회보장제도의 개혁, 전후 일본 외교의 총결산과 헌법 개정 등 새로운 국가 건설을 위해 함께 노력해나갔으면 한다"고 목소리를 높였다.

1차 개헌은 현행 헌법의 전쟁 포기와 교전권을 부인하는 조항은 남겨 두고 타국의 공격이나 재해 상황에서 일본 국민을 보호할 수 있는 자위 대 출동이 가능하도록 하는 것이다. 2차 개헌은 일본이 전쟁할 수 있는 나라가 되는 것을 목표로 추진할 것으로 예상된다. 하지만 게이오대 소에야 요시히데 교수 등 일각에서는 헌법 개정이 거의 불가능하다고 주 장한다. 국내 정치용으로 헌법 개정을 제시하고 있지만 국내외 반대 여론이 크기 때문이다. 또한 전쟁이 가능한 국가로의 개헌과 군비 확충에 대해 한국과 중국 등 주변국이 크게 반발하면서 갈등이 재연될 가능성도 있다. 헌법 개정으로 일본이 국제적으로 더욱 고립될 위기에 처할 수도 있다는 진단이다. 오영환 논설위원은 "일본 총리의 전통을 살펴볼 때 아베 역시 업적을 추진할 것"이라고 설명했다. 헌법 개정뿐 아니라 새로운 동북아 질서를 위한 일중 관계와 북일 관계의 개선을 들고 있다. 트럼프가 고립주의와 관세 폭탄을 매기는 상황에서 아베 총리는 미국 푸들로 머물지 않고 미국과 중국 사이에서 '균형 외교'를 추구할 수 있다.

이와 관련해 아베 총리는 "미일 및 한·미·일 동맹 결속하에 국제 사회와 연대하며 한반도의 완전한 비핵화를 목표로 할 것"이라고 말했다. 이어 그는 "나 자신이 김정은 북한 국무위원장과 마주 봐야 한다"며 북일 정상회담에 대한 희망을 피력했다.

2018년 10월에는 500명의 경제 사절단을 이끌고 중국을 방문해 시진 핑 주석을 만났다. 일본 총리가 중국을 공식 방문하는 것은 7년 만의 일이었다. 일중 정상회담에서 일본의 '일대일로' 참여에서 혁신·지적 재산에 대한 정부 간 채널 신설, 30조 원 규모의 통화스와프 재개, 양국 해상 수색·구조 협정 등을 체결했다. 중국과의 관계에서 역사와 영토 등 과거 문제에 얽매이기보다는 미래에 집중하겠다는 전략이다.

특히 미중 무역 전쟁의 상황에서 중국은 일본의 협력이 절실하고, 일본 역시 중국을 레버리지로 활용하려는 전략이다. 트럼프가 아베의 면전에서 "진주만을 기억하고 있다"고 말하는가 하면, 일본의 자동차, 철강 등에 대한 관세 문제도 언급한 바 있다. 언제든 미일 간 무역 마찰이 가시화될 수도 있다. 국민대 이원덕 교수는 "일본은 일정한 범위 내에서 미국과 중국 사이에서 양립하는 유연성을 보일 수 있다"고 평가한다.

5

푸틴의
'차르' 리더십

푸티니즘의 기원

"러시아 국민은 민주주의와 자유보다는 안전과 행복을 더 바랐고, 세계 최대 강국의 자부심마저 염원했다. 그래서 국가자본주의적 독재 정치로 정의할 수 있는 푸티니즘이 탄생한 것이다."[74]

러시아에서 푸티니즘이라는 신조어가 탄생하게 된 환경과 배경을 잘 설명한 글이다. 무너진 공산주의를 대신해 새로운 '러시아 이상'을 추구하고 있다. 월터 라쿼는 러시아를 받쳐온 세 개의 기둥, '강력한 정교회 신앙', '유라시아 운명을 책임진다는 관념', '외부의 적에 대한 과도한 공포'가 푸티니즘을 떠받치고 있다고 설명한다. 러시아인에게 강력한 정교회의 신앙은 '차르니즘'과도 연결된다. 그럼 푸틴은 어떻게 러시아 국민의 마음을 사로잡았을까? 그의 인생을 살펴보자.

푸틴은 1952년 러시아 서부인 상트페테르부르크의 노동자 집안에서 태어났다. 이곳은 제2차 세계대전의 격전지로 독일이 점령했던 도시였다. 민족주의가 강한 곳이기도 했다. 몸집이 작아 동네에서 힘 센 아이들한테 당하다가 살아남기 위해 권투, 유도 등 운동을 하게 된다. 나중에 지역 챔피언까지 올라 어린 시절부터 강인함을 체득했다. 상트페테르부르크 대학교 법학부 국제법과를 졸업한 뒤 연방보안국FSB의 전신인 구소련 국가안보위원회KGB에 입사해 오랜 기간 동독에서 첩보 활동을 했다. 독일이 통일된 1990년부터는 상트페테르부르크 대표자 회의 의장 보좌관과 상트페테르부르크 시 해외위원회 위원장 등을 역임했다.

보리스 옐친 대통령의 재선과 함께 대통령 행정실 제1부실장으로 기용된 푸틴은 옐친의 신임을 받아 1999년 8월 9일 총리로 임명되었다. 총리 취임 이후 유가 상승에 따라 재정 압박이 완화되자 서방에 대해 강경 노선을 취하고, 체첸전을 효과적으로 처리해 국민의 지지를 얻기 시작했다. 그해 옐친 대동령이 임기를 남겨둔 채 전격 사임하자, 푸틴은 47세의 젊은 나이에 대통령 권한대행이 되었다. 그리고 이듬해 실시된 선거에서 푸틴은 대통령으로 당선된 데 이어 다음 선거에서도 71.3%의 지지율로 재선되었다.

3선 금지 원칙에 따라 2008년 고향 후배이자 대학 후배인 메드베데프Dmitry Medvedev에게 잠시 대통령직을 넘겨주고 자신은 총리로 재직했다. 하지만 실질적인 권력자였던 푸틴은 2012년과 2018년에 다시 대통령으로 선출되었다.

푸틴의 과제

가장 중요한 것은 급한 불을 끄는 것이다. 여느 나라와 마찬가지로 경제 번영이 받쳐줘야 장기 집권에 정당성이 부여된다. 푸틴은 러시아가 1990대의 경제 실패와 그로 인한 1998년 금융위기로부터 막 벗어나기 시작하던 시점에 취임했다. 이후 러시아의 주력 수출 품목인 석유 값 폭등과 제조업이 발전하면서 경제에 활력이 돌았다. 2006년 러시아의 실질 가처분소득은 푸틴 집권 전인 1999년과 비교해 7년 만에 두 배나 올랐다. 그러던 중 2008년 글로벌 금융위기로 인해 러시아 경제도 성장세가 꺾이는 고비를 맞았다. 풍족한 에너지 자원이 경제에 윤활유 역할을 했지만, 산업 경쟁력을 키우지 못한 상황에서 저유가의 장기화와 경제 제재라는 큰 장애물을 타개할 뚜렷한 전략이 없는 러시아는 장기 침체 국면에 진입할 것으로 예측된다.

푸틴 대통령이 생각하는 해결책은 '유라시아 협력 강화'이다. 중국과 함께 반미 진영의 중심에 있는 러시아는 경제 제재에 맞서 아시아 국가들과의 경제적·군사적 협력 강화에 나섰다. 대표적인 사례가 중국 정부와 맺은 천연가스 공급 협정이다. 또 미국의 이라크 전쟁과 아프가니스탄 전쟁을 강력히 비판했고, 크림반도와 중동에서 미국과 대치함으로써 군사적 긴장감을 놓지 않고 있다. 북대서양조약기구의 팽창에 맞서 군사적 대응도 불사하겠다는 입장인 푸틴은 2015년 국방비로 810억 달러(약 88조 원)를 지출하면서 국방력을 강화하고 있다. 국민들도 미국에 당한 옐친 시대의 과오를 반복하지 않겠다는 결단에 지지를 보내고 있다.

마지막으로 국내 집권 기반의 강화이다. 권위주의 국가일수록 부패 지수가 높다. 국제투명성기구에서 발표한 2014년 부패 인식 지수 순위에서 러시아의 청렴도 지수는 174개국 중 136위로 최하위권이다. 부패라는 명목으로 정적인 석유 재벌 미하일 호도르콥스키Mikhail Khodorvsky 전 유코스 회장을 감옥에 가두었고, 많은 반체제 인사가 의문의 암살을 당했다. 야권 지도자 알렉세이 나발니Alexey Navalny를 횡령 혐의로 구속시키기도 했다. 또한 미디어를 장악해 자신에게 유리한 이미지를 만들려고 인터넷을 검열 및 탄압하고 있으며 자신과 가까운 TV 앵커 출신 드미트리 키셀요프Dmitry Kiselyov를 러시아 국영 라시야 시보드냐 통신의 사장으로 임명했다. 미디어를 통해 카리스마 있는 리더의 모습을 부각시키기도 하는데, 예를 들어 상의를 탈의한 채 말을 타거나, 사냥하는 '마초' 이미지를 만들어 러시아인들을 사로잡고 있다.

신경제 정책과 신데탕트

푸틴 대통령은 집권 3기를 맞아 '유라시아 협력 강화'를 위한 신동방 정책을 내걸었다. 러시아 극동 지역 국가들과의 교류와 경제 협력에 초점을 두고 있다. 유럽의 대안으로 아시아로 눈을 돌린 것이다. 일본, 대한민국, 중국 등 동아시아 국가들이 서방 국가들을 추월하고 있기 때문이다. 한때 동아시아까지 맹위를 떨쳤던 러시아는 군사기술과 풍부한 에너지를 앞세워 동방에서 다시 도약할 준비를 하고 있다. 대표적인 이벤트는 2015년부터 블라디보스토크 극동연방대학교에서 열리는 '동방경제포럼'이다. 2차 포럼에는 박근혜 전 대통령과 아베 총리가 참석했고, 3차 포럼에는 50여 개국에서 4,000명 이상이 참석했다. 문재인 대통령과 아베 총리, 할트마긴 바트톨가 몽골 대통령도 참석했다.

러시아의 신동방 정책과 미중 무역 전쟁이 맞물리며 러시아와 중국이 옛 동지의 관계를 회복하고 있다. 푸틴과 시진핑의 '브로맨스'라는 신조어가 나올 정도로 보드카 축배를 들기도 했다. 하지만 신동방 정책의 가시적인 결과는 일본과의 관계 개선에서 나타나고 있다. 푸틴 대통령은 일본에도 올리브 가지를 흔들어왔고, 일본도 미국 의존도를 줄이고 싶은 만큼 러시아와의 관계 개선에 관심이 많다. 2014년 3월 러시아의 크림 반도 합병 이후 G7이 러시아에 대해 제재 조치를 취했지만, 아베 총리는 푸틴 대통령과 수십 차례 정상회담을 가졌을 정도로 개인적인 유대 관계를 쌓고 있다.

2016년 아베는 러시아와의 경제 협력 문제를 전담하는 각료급 자리까지 만들어 자신의 최측근인 세코 히로시게世耕弘成 경제산업장관에게 겸직을 명했다. 그리고 8개 항목에 6조 5,000억 원이 넘는 초대형 경제 협력 사업을 제안했다. 이 사업을 성공시키기 위해 푸틴은 러일 관계의 가장 큰 미해결 과제로 남은 '쿠릴 열도 분쟁'을 담판짓고자 직접 일본을 방문하기도 했다.

쿠릴 열도는 제2차 세계대전 이후 소련의 영토가 된 곳으로 일본이 반환을 요구하고 있다. 일본이 소련과의 국교 정상화를 위해 막바지 교섭을 벌이던 1956년 8월에 4개의 섬 가운데 2개만 돌려받는 것으로 양국의 의견이 모아졌지만, 갑작스런 미국의 제동으로 협상이 결렬되었다. 일본이 2개의 섬 반환으로 소련과 영토 문제에 합의한다면 미국은 점령 중인 오키나와를 일본에 반환하지 않겠다고 통보했다. 양국 간 영토 분쟁이 남아 있으면 소련을 견제하는 데 일본을 계속 활용할 수 있으리라는 미국의 계산이 작용했다. 푸틴이 이것을 모를 리 없다. 2013년 9월 푸틴은 "미국과 일본이 특별한 동맹 관계임을 이해하며 아베가 어떤 판단을 내리든 러일 관계에는 영향이 없을 것"이라고 말했다. 미일 동맹과 러일 관계가 양립할 수 있다는 의미였다.

미일 동맹은 미국 일변도 정책에 몰입해왔다. 그러나 최근 트럼프의 정책이 아베를 다른 방향으로 움직이도록 만들었다. 러시아로서는 새로운 기회를 맞이하고 있는 셈이다. 일본이 러시아에 대해 동방경제 협력

카드로 남쿠릴 문제의 해결을 시도할 것이다. 동북아시아에서 북미 평화협정과 러일 평화협정을 맺을 날이 올 수도 있다는 희망을 가져본다. 동북아에 새로운 데탕트 시대가 열릴 수도 있다.

3장
미중 무역 전쟁이
신냉전으로

1. 미중 신냉전의 기원
2. 신냉전의 4대 전쟁터
3. 미중 패권 전쟁 시나리오

NEXT WORLD & KOREA

1

미중
신냉전의 기원

중국의 미국화인가, 세계 경제의 중국화인가

"중국을 세계무역기구로 안내한 오바마가 큰 패착을 저지른 것이다."[75]

〈뉴욕타임스〉가 '중국의 규칙'이라는 특집 기사에서 "중국의 경제적 공격을 오판했다"며 비판한 내용이다. 협력자가 될 줄 알았던 중국이 세계 경제를 두고 '전략적 경쟁자'가 되었기 때문이다.

미국은 냉전 시대에 소련을 견제하기 위해 '핑퐁 외교'를 통해 중국과 국교 정상화를 맺고, 이어 미국이 주도하는 세계 경제 시스템으로 중국을 안내했다. 중국의 개혁·개방 이후 중국에 거대 시장을 내어준 것이다. 미국의 대對중국 전략은 한국이나 일본같이 중국이 경제 발전을 이루면 민주주의와 시장경제 국가로 전환할 것이라는 희망에 근거했다. 하지만 중국의 전략은 달랐다. 미국의 기대를 저버리고 독자 모델을 만들었다. 중국 역사에서 몽골, 거란, 여진 등 북방 민족이 중국을 점령해도 역으로 그들이 "중국화되었다"는 한족의 중화사상에 기반해 '세계 경제의 중국화 전략'을 짠 것이다. 중국이 세계 경제를 주도한다는 전략에 따라 미국 경제와 중국 경제가 '비동조화'의 길을 걷게 된 것이다.

미국은 이러한 중국의 전략을 글로벌 경제 불균형의 원인으로 지목한다. 피터 나바로Peter Navarro 국가무역위원장과 스티브 배넌Steve Bannon 전 백악관 수석전략가, 그리고 마이크 펜스 부통령이 대표적인 인물이다. 먼저 대학교수 출신인 피터 나바로는 트럼프 대통령의 미중 무역 전쟁을 막후에서 주도하고 있다. 그는 미국 월가 중재파들에게 "중국과의 무역 전쟁을 그만두라는 월가의 거물들은 중국 간첩이며, 미중 정상회담에서 어떠한 타협도 나와서는 안 된다"고 말한다. 대중국 강경파가 된 배경은 그의 이력에서 드러난다. 캘리포니아 대학교의 교수로 재직하면서 자신의 학생들이 취업을 못 하는 원인을 중국에서 찾았나. 중국이 저임금의 상품, 지적재산권 도용, 환율 조작 등으로 미국의 일자리를 빼앗아간다고 판단한 것이다.

펜스 부통령 또한 대중 강경론자로 나서고 있다. 그는 2018년 11월 APEC 회의에서 시진핑 주석과 설전을 주고받았다. 이미 그는 10월에 허드슨 연구소의 초청 강연에서 중국을 "도둑떼와 강도"라고 몰아붙이기도 했다. 게다가 "빌 클린턴, 조지 W. 부시, 버락 오바마 등 이전의 대통령들이 중국의 도전을 기본적으로 오해했다"는 주장도 펼쳤다. 이들은 중국을 전략적 동반자로 생각했으나 실제로는 전략적 경쟁자를 넘어 적이라고 규정했다. 연설 끝 대목에서 펜스 부통령은 "미국의 역대 대통령들이 중국을 국제 질서에 통합시키면 정상적인 자유시장경제와 민주주의 그리고 인권을 보장하는 법치주의 국가로 발전할 것으로 생각했으나, 경제만 살찐 막강하면서 위험한 독재 국가로 키웠을 뿐"이라고 비

판하고, 트럼프 행정부는 중국에 속지 않겠다는 것으로 연설을 마무리했다.[76]

　결론적으로 미중 무역 전쟁의 기원은 세계 패권을 두고 자유민주주의와 열린 시장경제의 대표 선수인 미국과 권위주의와 국가 주도 경제의 대표 주자로 부상한 중국의 한판 승부인 셈이다. 실질적으로 냉전에서 패배한 소련의 배턴을 중국이 받은 것이다. 이것이 '신냉전'이라고 부르는 이유이다.

신냉전이 경제에 찬물을

미중 무역 전쟁이 중국에 미치는 영향을 파악하기 위해 필자는 2018년 11월 첫 주에 베이징을 방문했다. 중국 기업인과 한국인 주재 기업인, 중국 학자, 연구원, 언론인 등 다양한 사람을 만났다. 미중 무역 전쟁의 파급 효과는 크게 네 가지로 나타났다.

　먼저 중국의 경제 성장률 저하이다. 〈사우스차이나모닝포스트〉가 "2019년 중국의 경제 성장률이 5%대로 떨어지면 29년 만에 가장 낮은 수준이 된다"고 전망했다. 스위스 연방은행UBS은 "미중 무역 전쟁이 더 확대되면 중국의 2019년 국내총생산 성장률이 5.5%까지 떨어질 수 있다"고 전망했다.[77] 29년 전 수준으로 후퇴하는 것이다. 실제로 미중 무역 전쟁 이후에 '남순'(중국 남부) 지역부터 수출이 줄어들고 있으며, 증시에도 악영향을 미치고 있다. 중국 증시는 고점 대비 20% 이상 하락하여 약세장에 진입하면서 주요국 가운데 가장 큰 낙폭을 기록했다.

　둘째, 세계 공급 사슬의 변화로 중국에 있던 다국적 기업들이 제3국으로 이전하고 있다. 삼성, 소니에 이어 최근에는 애플도 인도에서 생산하

미중 간 3대 가치 전선과 4대 전쟁터

3대 가치 전선

자유주의 — 사회주의
공정무역 VS 자유무역
국제주의 — 민족주의

미중 4대 전쟁터

무역

디지털 플랫폼
ICT

해양 · 글로벌 전략

우주항공 · 사이버

겠다는 결정을 내렸다.[78]

셋째, '국진민퇴國進民退' 현상이다. 기업 개혁에 역행하는 현상이다. 즉 국유 기업을 중심으로 정부의 경제 지원이 강화되고, 민영 기업을 중심으로 하는 민영 경제가 쇠퇴한다는 것이다. 중국의 패러독스를 잘 보여주는 대목이다. 자본주의를 받아들여 세계 자유무역 체제에 편승해 경제 도약을 이룬 중국이 지금까지의 성공 패러다임을 스스로 부정하는 것이다.

넷째, 중국 내부의 통제가 강화되고 있다. 중국의 기업인들은 조심스럽게 "중앙정부의 지침 하달 등 통제가 강화되고 있다"고 귀띔했다. 인터넷 검열 강화도 같은 맥락에서 이해할 수 있다. 중국 정부는 현재 범죄 방지용이라는 명목하에 인공지능을 동원해 2,000만 대의 감시 카메라로 국민을 감시하는 시스템을 구축하고 있다. 전 세계 언론은 중국이 '빅브라더 사회'가 되는 것에 대한 우려를 내비쳤다.

미중 무역 전쟁의 불똥은 미국이라고 해서 비켜갈 수 없는 상황이다. 미중 무역 전쟁으로 인한 성장 둔화의 우려가 미국 증시의 급락을 야기했다.[79] 게다가 지정학적 긴장 고조 등이 겹쳐 투자자들의 위험 회피 성향을 부추겼다. 2018년 12월 뉴욕 증시 3대 지수는 2%가 넘는 낙폭을 기록했다. 특히 스탠더드 앤드 푸어스s&p 500 지수는 14개월래 최저치를 기록했다.

2018년 11월 28일 경제협력개발기구도 "최근 보호주의로 지난 2년간 꾸준히 이어지던 교역 확대가 멈춘 상태"라고 발표했다. "무역 전쟁을 주도하는 미국은 3분기 수출이 1.7% 감소했으며, 중국의 2분기 수출은 4.9%나 감소했고, 3분기에는 2.4% 늘었다"고 덧붙였다. OECD는 "무역 전쟁이 진정되지 않으면 세계 경제 상황은 더욱 악화될 수 있으며, 2021년 세계 국내총생산이 0.8%가량 줄어들 것"으로 예상했다.[80]

미중 무역 전쟁의 파급효과는 미국과 중국의 수출과 투자를 위축시키고 있다. 그러나 무역 전쟁에 대한 미국의 의지가 결연하여 양국이 쉽게 합의에 이르지 못할 전망이다. 이는 곧 미중 패권 전쟁의 장기화가 불가피하다는 뜻이다.

2

신냉전의
4대 전쟁터

무역

"중국은 세계 역사상 최대의 절도 행위를 저질렀다. (…) 중국은 저임금 노동력을 활용해 미국 산업을 파괴했고, 수십만 개의 일자리가 사라지게 했고, 우리 기업들을 염탐하고, 우리 기술을 훔쳤으며 화폐 가치를 낮춰 우리 상품의 경쟁력을 떨어뜨렸다."(도널드 트럼프 저, 김태훈 역,《불구가 된 미국》, 이레미디어, 2016년)

"중국은 다자무역 체제를 지지하고 시장 개방과 지적재산권 보호를 강화하고 수입을 적극적으로 확대한다. 관세를 매기고 글로벌 공급망을 흔드는 미국의 행위는 근시안적이고 실패한다."(시진핑 주석의 2018년 APEC 정상회의 연설 중에서)

미국과 중국이 상대를 보는 시각을 잘 나타내고 있는 문장들이다. 특히 트럼프를 포함해 미국 백악관은 틈만 나면 중국의 무역 관행을 비판한다. 지난 2018년 1년 동안 그 횟수가 200번이 넘을 정도이다. 미국은 왜 중국과 무역 전쟁을 벌이는가? 그 이유는 크게 세 가지이다.

먼저 미중 무역 불균형이다. 중국이 미국에 수출하는 규모는 5,000억 달러인 반면 미국에서 수입하는 규모는 1,500억 달러로, 3분의 1에도 못 미치는 수준이다. 중국에 대한 미국의 엄청난 무역 적자 때문에 미국 내 제조업 일자리가 사라졌고, 삶이 무너진 노동자들의 분노가 중국을 겨냥하게 된 것이다.

둘째, 세계 패권을 둘러싼 전초전 성격이다. 그레이엄 앨리슨의 표현대로 하면 '예정된 전쟁'이라는 것이다. 1장에서 언급한 대로 중국이 패권 국가를 위협할 정도로 성장하자, 기존의 패권국인 미국이 이를 사전에 제압하려는 '투키디데스의 함정'에 빠졌다는 것이다.

셋째, 미국이 중국의 불공정 관행을 막고 자국의 이익을 극대화하기 위해서이다. 트럼프 대통령은 대놓고 중국을 '강도'라고 표현한다. 미국 재무장관 므누신Steven Mnuchin도 중국의 지적재산권 침해를 강하게 비판한다. 성균관대 이희옥 교수는 "미국의 지적재산권을 침해하고 중국에 진출한 미국 기업에 대해 기술이전을 강요하는 행위를 근절하기 위한 것이라고 밝혔으나 실제로는 항공우주·정보통신·로봇공학·신소재 등 중국 제조업의 폭발적 부상을 지체시키려는 전략적 고려도 깔려 있다"고 분석한다. 미래 기술에 대한 중국 굴기를 사전에 내려앉히려는 시도라는 것이다.

지금까지 미국은 2,500억 달러 상당의 중국산 수입품에 관세 폭탄을 투하했다. 2,000억 달러치에 10%, 나머지에 25%의 관세를 부과했다. 연간 5,000억 달러가 넘는 중국산 수입품의 절반에 해당된다. 중국은 절반에 해당하는 1,100억 달러 규모의 미국산 수입품에 10%와 25%의 맞불 관세를 부과했다. 이에 대한 재보복으로 미국은 2,000억 달러 상당의 수입품에 대해 2019년부터 10%에서 25%로 올리고, 추가로 2,670억 달러 규모의 수입품에 보복 관세를 매긴다고 발표했다. 하지만 중국은 연간 1300억 달러에 달하는 미국산 수입품 중 1,100억 달러에 이미 보복 관세를 부과하여, 관세 전쟁에 쓸 실탄이 떨어졌다. 따라서 중국은 미국과의 협상에 적극적으로 나설 수밖에 없다. 타협안으로 중국은 142개 항목을 제시했지만, 트럼프는 "4~5개 중요한 항목이 빠져 있다"며 거부했다. 2018년 12월 아르헨티나에서 열린 미중 정상회담 결과로 90일 휴전에 들어갔다. 하지만 미중 무역 전쟁이 장기화 되리라는 것이 많은 전문가들의 전망이다.

디지털 플랫폼

"IT 분야에서 중국이 미국을 능가하고 있다."[81]

중국은 연간 460만 명의 엔지니어를 배출하는데, 이는 미국의 8배에 달하는 숫자이다. 인터넷의 이용자 수도 중국의 경우 8억 명으로 4차 산업혁명의 핵심 기술인 인공지능과 빅데이터에서 미국보다 유리한 위치에 있다. 세계의 '슈퍼컴퓨터 베스트 500'에서는 중국이 202대로 40%를 차지하고, 미국은 143대로 29.6%에 불과하다. 미래 인력과 핵심 기술에서 중국이 미국을 추월하기 시작한 것이다.

지난 100년 동안 세계 최고 규모의 기업들이 어떻게 발전해왔는지를 돌아보면, 산업혁명과 맥을 같이했음을 알 수 있다. 100년 전 2차 산업혁명이 진행될 때는 전기에 기반한 기계화와 에너지 관련 기업들이 중

지난 100년 세계 최고 기업의 트렌드

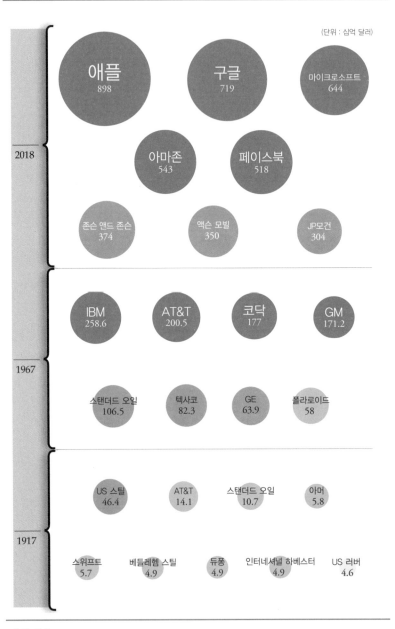

(단위 : 십억 달러)

2018
- 애플 898
- 구글 719
- 마이크로소프트 644
- 아마존 543
- 페이스북 518
- 존슨 앤드 존슨 374
- 액슨 모빌 350
- JP모건 304

1967
- IBM 258.6
- AT&T 200.5
- 코닥 177
- GM 171.2
- 스탠더드 오일 106.5
- 텍사코 82.3
- GE 63.9
- 폴라로이드 58

1917
- US 스틸 46.4
- AT&T 14.1
- 스탠더드 오일 10.7
- 아머 5.8
- 스위프트 5.7
- 베들레헴 스틸 4.9
- 듀퐁 4.9
- 인터네셔널 하베스터 4.9
- US 러버 4.6

• 출처 : Forbes

심에 있었다. 대표 기업으로 AT&T, 스탠더드 오일, US 스틸, GE 등이었다. 기업 규모는 10억에서 50억 달러 정도였다. 인터넷의 상용화가 촉발한 3차 산업혁명 시기에는 IBM, 마이크로소프트 등 컴퓨터 관련 기업들이 부상했다.

디지털 디바이스, 인간과 기계, 유비쿼터스가 두루 결합된 초연결의 일상화가 진행되는 '디지털 전환' 시대에 가장 두드러지는 현상은 단연코 '플랫폼 경제'이다. 애플, 구글, 아마존, 페이스북, 에어비앤비, 우버 등 플랫폼을 제공하는 기업들이 기존의 경제 질서와 룰을 무너뜨리고 혁신적인 새 모델을 창조하고 있다. 이에 질세라 중국에서도 거대 플랫폼 기업들이 부상했다. 알리바바, 텐센트, 바이두, 화웨이 등의 IT 기업들이 규모로는 아마존, 애플, 구글 등에 대등한 수준으로 성장했다. 한국에서 이들과 어깨를 나란히 할 기업은 삼성밖에 없는 실정이다.

아직은 미국 기업들이 앞서고 있지만 중국 기업들에게 추월당하는 것은 시간문제라고 보고 있다. 트럼프 대통령이 화웨이, ZTE에 강력한 제재를 주문한 것 역시 이와 연관이 있다. "중국이 미국의 지적재산권을 강탈하고 있다"는 비판도 디지털 전쟁의 일환이다. '5G 전쟁의 시작'이라고도 볼 수 있다. 미국은 우방국들에게 화웨이 제품을 구매하지 말 것을 주문하고, 화웨이 회장의 딸인 부사장을 체포하기도 했다.

해양·글로벌 전략

해군력은 미국의 패권을 떠받치는 3대 기둥 중 하나이다. 해상무역을 보호하고 경찰국가의 역할을 하는 능력도 해군력에 바탕한 것이다. 이 영역에서도 중국이 도전장을 던졌다. 전장은 남중국해였다. 2018년 9월

세계 최고의 플랫폼 기업들 기업 가치

(단위 : 십억 달러)

미국(비중 64%)

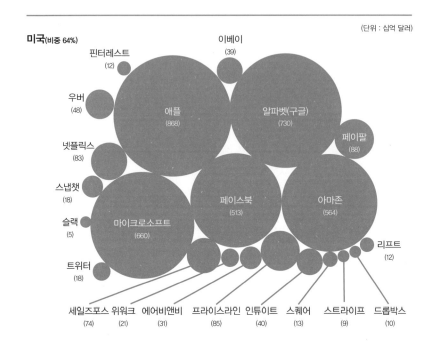

핀터레스트 (12)
이베이 (39)
우버 (48)
애플 (868)
알파벳(구글) (730)
페이팔 (88)
넷플릭스 (83)
스냅챗 (18)
슬랙 (5)
마이크로소프트 (660)
페이스북 (513)
아마존 (564)
트위터 (18)
리프트 (12)

세일즈포스 (74) 위워크 (21) 에어비앤비 (31) 프라이스라인 (85) 인튜이트 (40) 스퀘어 (13) 스트라이프 (9) 드롭박스 (10)

아시아(비중 31%)

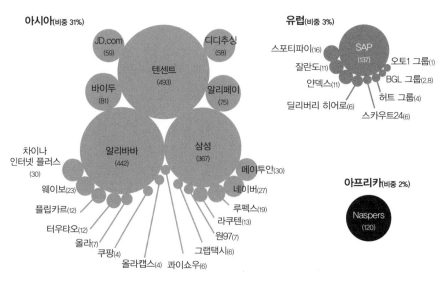

JD.com (59)
디디추싱 (58)
텐센트 (493)
바이두 (81)
알리페이 (75)
차이나 인터넷 플러스 (30)
알리바바 (442)
삼성 (367)
메이투안(30)
웨이보(23)
네이버(27)
플립카르(12)
루펙스(19)
터우탸오(12)
라쿠텐(13)
올라(7)
원97(7)
쿠팡(4)
그랩택시(6)
올라캡스(4) 콰이쇼우(6)

유럽(비중 3%)

스포티파이(16)
SAP (137)
잘란도(11)
오토1 그룹(1)
얀덱스(11)
BGL 그룹(2,8)
딜리버리 히어로(6)
허트 그룹(4)
스카우트24(6)

아프리카(비중 2%)

Naspers (120)

• 출처 : Peter Evans, Netzökomo.de

30일, 미국 군함과 중국 군함이 남중국해에서 충돌할 뻔한 사건이 발생했다. 미 해군 구축함 디케이터는 '항행의 자유' 작전을 펼치며 남중국해 스프래틀리(중국명 난사南沙) 군도 인근 해역을 항해 중이었는데, 중국 군함이 접근하면서 자칫 충돌할 위기를 맞이한 것이었다.

남중국해가 중요한 이유는 석유와 가스 등 천연자원이 매장되어 있고, 연간 해상 물동량이 3조 달러를 넘는 해상의 요충지이기 때문이다. 이 해역이 막히면 중국은 에너지 수입과 공산품 수출에 심각한 타격을 입게 된다. 그렇기 때문에 중국, 필리핀, 인도네시아, 베트남 등 남중국해의 주변국은 자원 영유권과 어업권 등을 놓고 분쟁을 벌이고 있다. 중국은 남중국해 인공섬에 군사 시설을 세우고, 비행 훈련을 하며, 이 해역을 실질적으로 점유하려는 전략이다.

미국은 중국을 포위하는 글로벌 전략을 짜고 있다. 아시아에서는 일본, 한국, 호주, 인도를 연결하는 '인도-태평양 전략'을 선포했다. 뒤에서 자세히 다루겠지만, 아시아판 NATO라고 볼 수 있다. 중국과 자주 충돌하는 인도를 자극하고 베트남, 싱가포르, 미얀마, 동남아시아에도 손을 뻗쳐 중국의 포위망을 구축하려는 시도이다. 나아가 북미자유무역협정을 대체하는 새 무역협정인 '미국·멕시코·캐나다 협정USMCA'을 맺어 동맹을 강화하고, 유럽에서는 NATO 및 유럽 각국과의 정책적 협조를 강화하고 나섰다.

중국 포위 작전의 다른 카드로 대만이 있다. 트럼프 대통령은 2018년 3월 '대만 여행법'을 통과시켰다. 중동에서 이스라엘 미국대사관을 예루살렘으로 옮긴 것만큼이나 아시아에서는 파격적인 결정이다. '대만 여행법'이란 미국과 대만의 공무원들이 직급과 상관없이 언제든지 양국을 방문할 수 있게 허용한 법률이다. 1979년 국교 단절 이후 자제하던 미국과 대만의 고위 관료 왕래가 활발해질 수 있다. "대만은 중국의 일부"라고 규정한 중국으로서는 절대 수용할 수 없는, 가장 민감한 부분을 미국이 건드린 것이다.

가만히 당하고 있을 중국이 아니다. 중국은 2050년까지 미국령 알류산 열도-하와이 제도-라인 제도-뉴질랜드-남극을 잇는 '제3열도선'을 그어 그 밖으로 미국을 밀어내겠다는 대응 전략을 세웠다. 이미 규슈-오키나와-대만-필리핀-보르네오를 연결하는 제1열도선 안에 있는 시사西沙군도와 난사군도에 인공섬을 만들어 활주로, 레이더 기지, 항만 시설을 설치하는 것도 미국을 하와이 동쪽으로 밀어내려는 전략이다. 중국은 2030년까지는 일본의 이즈伊豆 제도-오가사와라-괌-파푸아뉴기니를 잇는 제2열도선을 확보할 계획이다.[82]

하지만 미국은 절대 양보하지 않을 것이다. 남중국해에서 벌어지는 '해양 패권 전쟁'도 불가피해 보인다. 2018년 4월 시진핑 주석은 "강력한 해군 건설이 오늘처럼 시급한 적은 없었나"고 말했나. 남중국해 패권을 위해 중국은 군비 확충에 나섰다. 중국이 보유한 잠수함 60척에는 사정거리 8,000km의 탄도미사일을 탑재한 최신예 핵잠수함도 포함된다. 중국의 핵잠수함들은 미국 서해안으로 소음 없이 잠행하여 로스앤젤레스, 샌프란시스코, 시카고, 디트로이트를 핵미사일로 공격할 수 있다. 또한 중국은 2017년 기준으로 수상함과 잠수함을 합쳐 317척을 보유해 283척의 미국에 앞섰다. 하지만 아직 질적인 면에서 중국은 미국에 열세이다. 특히 항공모함에서 그렇다. 미국은 11척을 보유하고 있지만 중국은 2척에 불과하기 때문이다. 그러나 중국은 1호함 랴오닝함에 이어 자체 기술로 두 번째 항모를 건조했다. 현재 세 번째 항모를 건조 중인 중국은 앞으로 5~6척을 더 보유할 계획이다.

우주항공·사이버 전쟁

중국의 우주항공 굴기도 시작되었다. 2007년에 지구를 돌고 있는 정찰위성을 파괴할 수 있는 인공위성을 개발했다. 미국의 정찰위성을 파괴해 위성 중계 통합 작전 능력을 마비시킬 목적으로 시행한 성공적인 실험이었다. 10년이 지난 지금 중국의 위성 파괴 미사일 기술은 더욱 발전했다.[83] 또 중국은 2018년 최초로 달 뒷면에 인공위성을 착륙시켰다.

중국군의 수뇌부는 군사 작전을 위성과 인터넷에 과도하게 의존하는 것이 미군의 아킬레스건이라고 간파했다. 위성항법시스템GPS에 크게 의존하는 미군은 중국이 미국 GPS를 불능화시키는 순간 지휘·통제 체계가 마비되어 전쟁을 수행할 수 없게 된다. 전쟁에서 지휘·통제의 기반이 되는 정찰위성이 중국 레이저 무기의 최우선 공격 대상이다. 중국은 2013년에도 공중 폭발용 로켓으로 가장한 지상 발사 위성 공격 미사일 실험을 했다. 또한 레이저, 극초단파무기, 입자 빔 무기, 전자펄스EMP 등 위성통신을 교란하는 무기와 방해 전파를 개발하고 있다.

미중 전쟁의 승패는 해상, 공중, 우주에서 결판난다. 중국의 군사 굴기를 미국이 잠자코 보고만 있을 리 없다. 미중 무역 전쟁을 지휘하는 피터 나바로 위원장은 "중국의 우주항공 굴기를 견제해야 한다"고 목소리를 높인다. 다시 한번 트럼프 대통령이 패를 뒤집었다. 트럼프 대통령은 레이건 대통령과 고르바초프 서기장이 서명한 'INF'를 파기하겠다고 선언을 했다. 군비 경쟁에서 치킨게임을 하겠다는 선포나 마찬가지이다. 세계에서 국방비를 가장 많이 지출하는 미국은 충분한 실탄이 있으며, 소련을 굴복시켰듯이 중국을 무너뜨리겠다는 의지의 표명이다.

3

미중 패권 전쟁
시나리오

그렇다면 미중 패권 전쟁은 어떻게 진행될 것인가? 궁극적으로 누가 승자가 될 것인가? 모두가 궁금해하지만 아무도 명확하게 답을 내릴 수 없는 질문이다. 이 장에서는 미래 예측이라기보다 개연성 있는 여러 시나리오를 살펴보고자 한다. 보다 객관적인 예측을 위해 역사적 발전 트렌드와 데이터라는 렌즈로 해석하는 '트렌드 분석'과, 여러 조각을 맞춰 하나의 그림을 완성해나가는 '시나리오 기법'으로 접근했다.

미중 무역 전쟁의 3대 시나리오

미중 무역 전쟁은 앞으로 어떤 양상으로 전개될 것인가? 여러 가능성이 있는데, 각각의 경우 어떤 일이 벌어질 것인가? 세 가지의 시나리오를 차례대로 살펴보자.

첫 번째는 무역 전쟁의 타협이다. 관세 부과 과정 중 미국과 중국이 타협에 이르는 경우를 말한다. 타협을 하려면 최소한 한쪽은 무엇인가를 양보해야 한다. 중국은 미국이 요구하는 대중 무역 적자의 축소, 지적재산권 보호, 중국 국유 기업에 대한 보조금 지급, 환율 조작과 금융 시장 개방 등과 관련해 제도적 기반 수립을 약속하면 무역 전쟁을 멈출 수 있다. 이미 부분적으로 현실화되고 있기도 하다.

"중국이 (미국에) 양보할 사항을 줄줄이 논의하기로 합의했다."[84]

관세 전쟁은 '90일 임시 휴전'으로 일단락되었지만 트럼프 대통령은 중국에 대해 강경 노선의 고삐를 더욱 죄겠다는 태도를 보인다. 트럼프 대통령은 향후 협상 과정을 대중 강경파인 미 무역대표부USTR의 로버트 라이트하이저Robert Lighthizer 대표에게 일임하기로 결정했다. 그는 과거 일본을 굴복시킨 무역 전쟁의 주역이었다. 트럼프 대통령의 용병술에서 그의 의도를 알 수 있는 대목이다.

중국에서는 벌써 미중 무역 전쟁의 여진이 시작되었다. 대미 수출은 17% 이상 떨어졌는데, 특히 기계, 전기 설비, 자동차 부품, 반도체 등 기간산업에서 심한 타격을 받을 것으로 예상된다. 2019년 경제 성장률 목표는 6.7%였으나 중국이 발표한 실제 경제 성장률은 6.6%로 28년 만에 최저치를 기록했다. UBS는 중국 경제 성장률이 5.5%까지 떨어질 수 있다고 전망했다.

앞으로 민감한 기술 영역에 대한 투자 제한이 따르고, 그로 인해 '중국 제조 2025'에서 계획한 산업 정책이 부문별로 수정을 강요받을 수 있다. 대표적인 사례로 미국은 중국 푸젠진화반도체JHICC를 기술 탈취로 기소했고, 수출입을 통제하고 있다. 또 중국의 대표 IT 기업인 화웨이의 통신 장비 사용을 중단하고, 독일, 이탈리아, 일본 등 우방국에게 똑같은 조치를 요구했다.

전면전을 치르기에는 역부족인 중국은 많은 것을 내주었다. 미국 자동차 관세를 40%에서 15%로 내리고 미국산 에너지, 농산물, 대두 등을 대량 수입하기도 했다. 미국이 계속 문제를 삼은 지적재산권 침해, 환경법, 각종 비관세 장벽, 해킹을 비롯한 사이버 절도 등의 문제를 논의하기도 했다. 그러나 중국 입장에서 쉽게 받아들이기 어려운 요소들이 많아 단기간 내에 타협에 이르기는 어려워 보인다.

두 번째 시나리오는 미중 무역 전쟁의 관세 부과가 전체 교역으로 확대되는 상황이다. 미국이 추가로 2,670억 달러 규모, 즉 중국으로부터 수입하는 모든 제품에 추가 관세를 매겨 무역 전쟁이 갈 데까지 가는 상황을 말한다. 여기에 투자 및 인적 교류에도 제한 조치가 가동될 전망이다. 트럼프 대통령은 "중국 유학생은 다 스파이"라고 말한 적도 있다. 2019년 미국 MIT 대학은 중국 유학생을 한 명도 뽑지 않았다. 더 나아가 '슈퍼 301조'를 동원해 특정 상품의 수입을 제한할 가능성노 높다.

이 경우 국내 소비와 투자가 크게 위축되어 중국의 경제 성장률은 1.3%까지 하락할 수 있다고 예측된다. 중국의 전자제품, 일용품, 건자재 등 주력 제품의 수출 경쟁력이 현저하게 약화되고, 중국 정부가 가장 우려하는 '제조업 공급 사슬 붕괴'가 현실이 될 수도 있다. 글로벌 기업들의 탈중국이 가속화되고, 위안화 가치 하락으로 대규모 자본 유출 위험에 노출될 것이다. 경기가 침체되면 중국 경제의 아킬레스건인 부실채권 증가, 기업들의 줄도산, 부동산 가격 폭락 현상이 일어날 수 있다. 경제구조 개혁에도 차질이 생길 것이다. 수출로 먹고사는 남부 연안 도시 주변에 위치한 기업들은 도산 위기에 몰리고 실업자가 증가할 것이다. 중국 현지 기업인들에게 확인해보니 이러한 현상은 이미 진행 중이었다. 실업자 증가는 궁극적으로 공산당의 존폐마저 위협할 수도 있다.

마지막 시나리오는 무역 전쟁이 경제 분야에서 끝나지 않고 군사적 충돌로 확산되는 최악의 경우이다. 중국이 가장 우려하는 시나리오로, 자산 동결과 특정 상품의 세계 무역 금지와 같은 상황이 벌어질 수 있다. 이는 미국이 무역 결제와 환거래를 통제하는 글로벌 금융 시스템을 운영하기 때문에 가능하다. 미국이 '국가 안보'를 빌미로 과거 쿠바나 이란에 했듯이 중국에 금융 제재와 자본시장에 대한 통제를 가하면, 중국의 대외 경제는 대혼란에 빠지게 된다. 국가 안보란 경제 안정, 기술 보호, 외교안보 등 다양하게 해석될 수 있다. 미국은 2012년 이란과 거래한 중국 쿤룬 은행의 외환 거래를 봉쇄한 경험도 있다. 이렇게 극단적으로 치닫는 경우 무력 마찰의 가능성을 배제할 수 없다.

어떤 시나리오든 미중 무역 전쟁은 세계 경제에 타격을 입히겠지만, 가장 큰 피해자는 중국이다. 중국은 〈인민일보〉 등 관영 매체 등을 동원해 장기 결사항전의 의지를 불태우며 임전의 자세를 취하고 있다.

중국은 과거 항일전쟁, 한국전쟁, 소련 분쟁 등 큰 전투에서 패하지 않았던 자부심을 애국심으로 동원하고 있다. 애국심 마케팅으로 난국을 극복하겠다는 전략이다. 시진핑 주석과 중국 공산당은 오히려 "위기를 기회로 활용하겠다"는 반응이다. 인공지능과 빅데이터 등 신기술 경쟁에서 승부를 보겠다는 의지를 보인다. 중국 국무원은 2017년 7월 '2030년 인공지능 세계 1위 강국'이라는 목표를 제시했고, 시진핑 주석도 당 간부들에게 4차 산업혁명 기술에 관한 교육을 지시했다. 그래서 중국은 인공지능 개발에 매년 55억 달러(약 6조 2,000억 원)씩 투자하고 있다. 무려 미국의 4.6배에 이른다. 이는 중국이 중앙집권 체제의 장점을 업고 인공지능 강국이 되겠다는 의지를 표명하고 것이다.

미래 중국의 4대 시나리오

미중 무역 전쟁 끝에 중국은 더욱 강력한 국가로 성장할 것인가? 소련과 일본처럼 미국에 무릎을 꿇을 것인가? 중국의 미래에 세계의 이목이 집중되고 있다. 또 이에 대한 다양한 해석과 전망이 나오고 있다. 델파이 분석, 언론 분석, 트렌드 분석 등 다양한 방법론과 기법을 활용해 유럽에서 중국의 미래에 대해 네 가지 시나리오의 가능성을 제기했다.[85]

첫째, 사회주의와 자본주의가 음양으로 조화를 이뤄 더욱 발전한다는 '음양' 시나리오이다. 이것은 개혁·개방부터 지금까지 유지한 정책을 잘 발전시켜나가는 길을 말하며, 시진핑 정부에 구조 개혁과 정부의 투명성이 요구된다. 부패와 불평등이 걷잡을 수 없이 심화되면 일당 체제에 대한 인민의 분노가 커지기 때문이다. 공산당이 정치 권력을 독점하지만 법치를 통해 투명성을 강화하고, 기업의 자유를 보장하는 자본주의가 더욱 발전하게 된다. 싱가포르 체제와 비슷한 방식이다. 또한 중앙 정부와 지방 정부에 대한 시민들의 참여도 점진적으로 증가하게 된다. 성공할 경우 경제는 더욱 번영하고, 국내 소비 시장이 확대될 뿐만 아니라 수출도 더욱 증가하게 된다.

둘째, "과거 호화로운 영화에서 빈털터리가 될 수 있다"는 것을 은유한 '블루 재스민' 시나리오이다. 정부의 투명성을 높이기 위해 더 급진적으로 개혁 드라이브를 실행하지만 경제가 나빠지는 상황이다. 법치주의의 강화로 '분배의 정의'를 일부 실현함으로써 중산층이 늘어나고 삶의 환경은 좋아질 수 있다. 시진핑 주석에 대한 인민의 지지가 높아지면 이를 바탕으로 시 주석의 장기 집권 로드맵이 완성되고, 권력 집중 현상도 심화될 것이다. 그러나 획일주의로 인해 자율성과 창의성이 사라지면서 '경제 후퇴'라는 장애물을 만나게 되는데 이를 잘 극복해야 한다. 또

미래 중국의 4대 시나리오

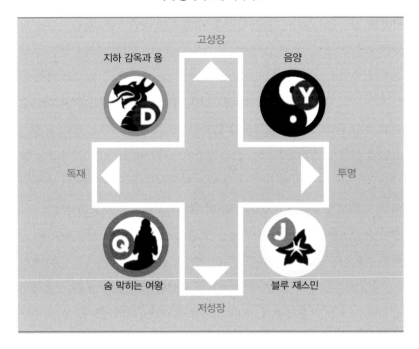

한 경제에 불확실성이 높아지게 마련이다. 이미 위태한 수준에 있는 재정 적자 압박이 심해져, 스태그플레이션 상태로 가게 될 전망이다. '중진국의 함정'에 빠지는 불황이 지속된다는 지적이다.

셋째, 권위주의 국가의 상징인 '지하 감옥과 용' 시나리오는 빈부격차, 불평등, 양극화의 심화로 인민의 반발이 커지는 상황을 말한다. 민주주의 요구 혹은 시진핑 독재 체제에 대한 반발이 일어날 경우, '톈안먼 사태' 같은 비극을 막기 위해 공산당이 더욱 권력의 고삐를 조이게 된다는 전망이다. 하지만 경제 경착륙으로 시진핑은 책임을 지고 물러나고, 권위주의 정권하에서 새 리더십을 선출하게 된다. 마오쩌둥에서 덩샤오핑으로 권력이 넘어간 것과 유사한 상황이라고 볼 수 있다.

마지막으로 체스판에 막강한 힘을 가진 퀸Queen을 상징하는 '숨 막히는 여왕' 시나리오로, 중국이 글로벌 파워를 유지하나 진흙에 빠지는 형태를 말한다. 1980년대 소련과 흡사하다. 충분한 개혁과 경제 성장을 달성하지 못해 3% 경제 성장률의 경착륙이 예상된다. 사회적 불안과 더불어 중산층이 흔들릴 수 있다. 또한 소수민족들이 목소리를 내기 시작한다. 심지어는 신중국이 소련같이 해체될 가능성도 있다.

현재 시진핑 정부는 '음양' 시나리오와 '지하 감옥과 용' 시나리오 전략, '중국 제조 2025'를 합친 모델로 가고 있다. 정부의 부패를 막기 위해 노력을 기울이면서 한편으로는 미국과의 패권 전쟁을 위해 '퍼스트 무버'로 위기를 극복하는 국가 전략이다. 향후 미국과 신냉전의 향방에 따라 중국의 미래는 큰 영향을 받을 것으로 전망된다. 미국의 압력에도 불구하고 13억 인구에다가 화교 상권, 거대한 내수 시장, 4차 산업혁명의 기술 굴기, 미래 우주항공 기술 등을 볼 때 중국의 잠재력은 높다고 볼 수 있다. 물론 중국은 양극화, 부패, 경제 침체, 소수민족 등 수많은 현안과 문제들 역시 녹록지 않은 상황이다. 결국 중국의 미래는 경제와 거버넌스에 따라 결정된다는 지적이다. 역시 먹고사는 문제인 경제가 중요하다.

중국은 일본과 소련처럼 쉽게 무너지지는 않을 것으로 전망한다. 몇 가지 이유가 있다. 먼저 미국과의 교역량이 중국 경제 전체에서 큰 비중을 차지하지 않는다.

2017년 중국의 대미 수출 의존율은 18%였다. 미국의 제재 대상 품목은 중국의 대미 수출 중 10%이며, 전체 중국 수출에서 차지하는 비중은 2% 정도이다.[86] 또한 중국은 국내 시장이 광활하기 때문에 스스로 흡수할 수 있다. 나아가 미래 기술인 인공지능, 빅데이터, 전기차, 드론, 스마트 시티 등은 미국을 능가하기 시작했다는 분석이 나온다.

4장
신냉전이
바꿔놓을 세계

1. '인도—태평양' 전선

2. 신냉전의 수혜자와 피해자

3. 신냉전은 한반도에 새로운 기회다

NEXT WORLD & KOREA

1

'인도-태평양'
전선

미국의 새 전략

어느 날, 평소 친분이 있는 문국현 한솔섬유 대표가 상기된 목소리로 필자에게 말했다.

"미국에서 아시아 태평양이 아닌 '인도-태평양 시대Indo-Pacific Era'라고 부르기 시작했어요."

아니나 다를까 곧이어 2017년 11월, 트럼프 대통령의 입에서도 '인도-태평양'이라는 단어가 나왔다. '아시아'가 '인도'로 바뀐 게 무엇을 뜻하는가? 단순해 보이지만 이는 미국의 대對아시아 외교안보 전략에 전환기가 찾아왔음을 의미한다. 과거 냉전 시대에 미국이 소련을 견제하기 위해 중국과 우호적인 관계를 맺은 것처럼, 다가오는 신냉전에 대비해 인도를 비롯한 주변 국가들과 새로운 관계를 구축하고 있는 것이다. 2018년 11월, 마이크 펜스 부통령이 APEC 회의에서 구체화된 내용을 발표했다. 해석하면 중국의 '일대일로'에 대립되는 구도로 '인도-태평양 전략'을 제안함으로써 이 지역 국가들로 하여금 미국과 중국 사이에서 양자택일을 암묵적으로 요구한 것이다.

이러한 전략의 변화는 아세안(ASEAN, 동남아시아 국가연합)과 인도가 중국을 포위하고 있을 뿐 아니라 이 지역 국가들의 경제 성장의 잠재력이 높기 때문이다. 아세안 전체 인구는 6억 4,000만 명에 달하고, GDP는 2조 4,000억 달러에 달한다. 인도 인구 13억 5,400만 명(25세 이하가 50%)과 GDP 2조 5,900억 달러를 합치면 규모로만 봐도 세계 4대 경제권이다. 게다가 인도양은 서쪽 아라비아해의 호르무즈 해협과 동쪽 말라카 해협을 연결하는, 해상무역에서 가장 중요한 길목이기도 하다.

이런 이유로 인도양은 21세기에 가장 중요한 전략적·지정학적 요충지로 꼽히고 있다. 남아프리카의 희망봉에서 아프리카 동부 해안을 따라 북상하여 아라비아반도까지 이르는 긴 해안선이 인도양의 서쪽 해안이다. 호르무즈 해협 너머 페르시아만 주변에는 이란, 사우디아라비아, 아랍에미리트UAE, 카타르 등 산유국들이 위치하고 있다. 또한 유라시아 내륙부와 연안부 간의 경제적·군사적 제휴와 갈등이 되풀이되는 역동적인 지역이다.

중국이 미국을 서태평양에서 밀어내는 데 군사 정책의 초점을 맞추는 사이에 인도가 균형자로 부상했다. "21세기에 전쟁이 일어난다면 장소는 말라카 해협이 될 것"이라는 전망도 있다.[87] 이 해협이 중요한 이유는 한국, 중국, 일본 경제의 생명줄이기 때문이다. 싱가포르 앞의 해안으로, 중동에서 수출되는 에너지 연료 물동량의 50%가 이 해협을 통과해야 하며, 따라서 세계 교역에서 가장 중요한 길목으로 여겨진다.

중국의 '진주 목걸이 전략'

중국의 '진주 목걸이String of Pearls 전략'이라는 용어는 국제 컨설팅 업체 부즈 앨런 해밀턴Booz Allen Hamilton이 2005년에 처음 사용했다.[88] 중국은 자국의 에너지 해상 수송로에 위치한 국가들과 경제 및 군사 협력을 맺는 등 관계를 강화함으로써 주요 항구들을 확보하는 전략을 추진해왔다. 세계 지도에서 이 항구들을 선으로 연결하면 마치 진주 목걸이처럼 보여서 이를 '진주 목걸이 전략'이라고 부른다. 한편 '검은 진주'인 석유를 은유하는 의미도 있다. '진주 목걸이 전략'의 추진 배경에는 에너지 해상 수송로의 안전, 항구의 운영권뿐만 아니라 자국 함대가 군사적으로 이용할 수 있는 전략적 거점을 확보하려는 의도도 포함되어 있다.

'진주 목걸이 전략'의 일환으로 파키스탄의 과다르항-파스니항, 스리랑카 남부 해안의 함반토타항, 방글라데시 벵골만의 치타공항, 미얀마의 코코섬과 시트웨항에 에너지 저장 기지와 해군 기지를 건설했거나 건설 중이다. 중동산 원유를 중국 서부 지역으로 직송하기 위해서이다. 목적은 미국이 추진해온 '헤징(hedging, 울타리 치기) 전략'을 돌파하기 위함이다. 미국은 대만, 필리핀, 인도네시아, 베트남, 인도를 잇는 해상 루트를 장악하면서 중국의 해상 진출을 억제하는 전략을 펴고 있다. 중국이 추진해온 '진주 목걸이 전략'의 주요 대상국은 미얀마, 방글라데시, 스리랑카, 파키스탄 등 모두 인도양에 접해 있다.

앞에서 언급했듯이 인도양이 전략 요충지인 이유는 첫째, 에너지 수송로이자 해상무역 루트이기 때문이다. 영국 해군의 격언 중에는 "인도양을 얻으면 세계를 지배한다"는 말이 있을 정도이다. 인도양을 항해하는 유조선은 현재 하루 100여 척이며, 2020년이 되면 150~200여척으로 늘어날 전망이다. 전 세계 석유의 70%가 인도양을 지나가고 있다. 전 세

중국의 진주 목걸이 지도

계 컨테이너 화물의 절반과 일반 화물의 3분의 1이 인도양을 스쳐간다.

둘째, 군사적 목적이다. 중국은 인도양으로 군사적 진출을 확대하고 있다. 미사일 호위함 등 중국 군함 3척이 처음으로 방글라데시 치타공항을 방문했다. 중국이 파키스탄에서 수주한 잠수함 8척 가운데 4척을 파키스탄 현지에서 건조한다. 자주 파키스탄 항구에 기항하겠다는 의도이다. 중국은 또 아프리카 북동쪽 아덴만의 서쪽 연안에 있는 소국 지부티에 군사 기지를 건설하고 있다. 인도양과 홍해를 잇는 길목에 자리 잡은 지부티의 앞바다는 세계 상선의 30%가 다닐 정도로 지정학적 요충지이다. 지부티 기지는 중국의 첫 해외 군사 기지로 '일대일로' 계획의 중요한 거점이라고 볼 수 있다. 중국 정부는 해외 군사 거점으로 확보한 항구들을 관리하기 위해 대양 해군 건설에 박차를 가하고 있다. 중국은 제2, 제3 항모를 건조하고 있으며, 이를 위해 국방 예산의 3분의 1을 해군 전력에 투입할 정도이다.

오성홍기를 단 항모들이 진주 목걸이 지역의 항구들을 드나들면서 군사력을 과시할 것이다. 중국은 인도양 각국의 항구를 거점으로 확보해 21세기 해상 실크로드를 개척하고 있다.

인도의 '해양 독트린'

2007년 인도는 인도양에서의 '해양 독트린 전략'을 발표했다. 호르무즈 해협에서 말라카 해협까지 인도 해군의 존재감을 과시하겠다는 야심이다. 특히 인도양에 드나드는 국제적인 물동에 대해 경찰의 역할과 해상을 통제하는 역할을 담당하겠다는 것이다. 또한 인도는 북쪽인 마다가스카르 해역에도 제2의 군사 시설을 설치했다. 이는 해적이 많이 나타나는 모잠비크 해협을 지나는 국제 화물선들을 보호하기 위함이다. 또한 몰디브와 모리타니아에 정찰을 위한 군사 및 레이더 기지를 건설하고 있다. 에너지 수송의 89%를 배에 의존하는, 해외 에너지 의존도가 매우 높은 인도에 있어서 해양 수송로의 가치는 이루 말할 수 없을 만큼 크다.

인도는 또 이란의 차바하르항과 아프가니스탄 서부의 님루즈주를 연결하는 새 도로 건설을 지원하고 있다. 아프가니스탄과 이란 사이에 에너지 고속도로가 연결되면 인도는 파키스탄을 거치지 않고 바다로 나갈 수 있다. 투르크메니스탄의 천연가스뿐 아니라 카자흐스탄과 카스피해 연안의 천연가스까지 이 길을 따라 인도양의 페르시아만으로 수송된다. 중앙아시아와 인도 아대륙을 잇는 대부분의 송유관이 아프가니스탄을 통과해야 한다는 사실은 이 나라의 지정학적 중요성과 더불어 왜 미국과 소련의 전쟁터가 되었는지를 잘 보여준다. 소련이 1979년부터 10년간 아프가니스탄을 무력으로 점령한 것도 중앙아시아와 카스피해의 에너지를 페르시아만으로 수출할 항구를 확보하기 위해서였다.

인도는 또 이란의 차바하르항 개발에 투자하는 조건으로 이란으로부터 25년간 연간 750만 톤의 액화천연가스를 공급받는 계약을 체결했다. 미국의 대對이란 고립 정책에 구멍이 뚫린 것이다. 2014년에는 인도가 중국을 견제하기 위해 미얀마의 지트베 항구 건설을 지원하고 있다. 인도는 이미 보유하고 있는 핵탄두와 장거리 탄도미사일에 항공모함, 잠수함, 이지스함을 추가해 인도양과 서태평양에 걸친 2대양 해군을 구축하고 있다. 인도-태평양은 인도가 가세함으로써 미국, 중국과 함께 세 강대국이 힘의 대결을 벌이는 무대가 되었다.

인도는 네루Nehru 총리 때부터 이어져온 비동맹 전통에 따라 미국이나 중국 한쪽의 명시적인 동맹으로 기울지 않을 전망이다. 중국과 인도 모두 대양 해군을 지향하지만, 군사적으로 충돌할 가능성은 희박하다는 것이 전문가들의 예측이다. 중국과 인도의 상호 억지력이 전쟁의 가능성을 낮추기 때문이다. 인도는 또 해적 퇴치와 테러 대응을 위해 유엔의 깃발 아래 인도양에서 미국과 합동 군사 훈련을 실시하고 있다. 이는 인도양에서 중국의 해양 군사력을 저지하려는 인도와 미국의 이해관계가 맞아떨어진 것이다. 미국 헤리티지 재단의 저명한 중국 전문가인 딘 쳉은 "인도양에서 중국의 영향력을 대응하기 위해 인도와 미국의 전략적 파트너 관계가 중요하다"고 강조한다.[89] 하지만 인도-태평양 전선에서 미국, 인도, 중국, 이란 등이 서로 물고 물리는 정세를 보인다.

미국과 중국의 경쟁

미국과 중국의 대립이 남중국해에서 인도-태평양으로 확대되고, 군사·경제·외교 전략 분야로 확산되면서 총력전 양상을 보인다. 2019년 전략 경쟁이 가장 첨예하게 부딪히고 있는 동남아시아에서 두 나라의 형세는 어떠한가? 어느 나라가 유리한 국면인가? 이에 대해 인도네시아 대사를 지낸 이선진은 "미국이 밀리는 형세"라고 진단한다.[90]

먼저 군사 경쟁 분야를 살펴보자. 미국과 중국의 군부는 대만 해협과 남중국해에서 무력을 증강하고 훈련의 강도를 계속 높이고 있다. 미국의 매티스 국방장관은 2018년 1월 중국, 러시아와의 전략 경쟁을 최우선 안보 과제로 규정하는 정책을 발표했다. 이후 그는 동남아시아 방문으로 첫 일정을 시작했다. 이에 중국은 4월 남중국해에서 해군 역사상 최대 규모의 훈련을 실시했고, 시진핑이 직접 사열했다. 2018년 남중국에서 양국의 군함이 40여 미터 거리를 두고 충돌 직전까지 갔다. 하지만 중국의 공세가 거세다. 중국은 태국, 말레이시아 3국 합동 해군 훈련에 이어 아세안과도 합동 해군 훈련을 실시했다. 특히 중국과 아세안 국가들과의 집단 군사 훈련은 처음이었다. 태국의 한 전문가는 "아세안이 태도를 바꾼 이유는 무엇인가"라는 물음에 "미국을 더 이상 신뢰할 수 없기 때문"이라고 답변했다. 미국 트럼프 행정부가 아세안에서 신뢰를 잃어가고 있는 것이다.

둘째, 경제 분야이다. 중국은 인도-태평양에서 '일대일로 사업'을 지속적으로 추진하고 있다. 이에 대응하기 위해 미국은 600억 달러 규모의 인프라 기금 창설 계획을 '인도-태평양 전략'에 포함시켰다. 하지만 그 액수는 중국이 파키스탄 한 나라에 투자하는 규모에 불과하다. 그 와중에 일본이 중국의 '일대일로 사업'에 협력하기로 합의한 것은 주목할 만한 일이다. 일본은 군사 분야에서는 미국과, 인도-태평양 인프라 건설에는 중국과 함께하는 이중 전략을 펴고 있다.

셋째, 외교 분야이다. 미국과 중국은 인도-태평양 연안 국가들을 두고 치열한 외교 경쟁을 벌이고 있다. 일각에서는 위안화 공세에 캄보디아와 라오스가 중국에 넘어갔고, 아세안 연대는 허물어졌다는 평가가 나온다. 또 호주와 뉴질랜드는 중국 자금이 대거 정계에 유입되면서 미중 경쟁의 그라운드 제로가 됐다는 평가가 나오고 있다.

인도-태평양에서 미중의 외교안보 갈등은 2018년 11월 APEC 회의에서 잘 드러났다. 중국 시진핑 주석과 미국의 펜스 부통령이 한 판 붙었다. 그 결과 APEC은 1993년 출범 이래 처음으로 공동선언을 내지 못했다.

향후 인도-태평양에서의 미중 충돌은 상수가 되었다. 이를 두고 미국의 전략가 월터 러셀 미드Walter Russell Mead는 〈월스트리트저널〉에 기고한 칼럼에서 "지정학적 가치가 우선시되는 시대로 진입했다"고 말했다.[91] 대국 간 경쟁 시대에는 경제보다 지정학이 중시되고, 미국은 중국을 배제하기 위해 어떤 희생도 마다하지 않을 것이라는 게 그의 관측이다. 하지만 '인도-태평양 전략'의 당사자국인 일본, 인도, 호주는 중국과의 적대적 관계를 원하지 않는다. 이선진 대사는 "미국은 중국 전략의 주 무대인 동남아에서 밀리고 중국이 남태평양에 진출하는 것도 막지 못하고 있다"고 평가한다.

2

신냉전의
수혜자와 피해자

아세안의 부상

전쟁에 승리하기 위해서 가장 중요한 것 중 하나는 함께하는 세력이 많
아야 한다는 것이다. 전쟁에서 연합군이 우세한 이유이다. 인도-태평양
에서의 신냉전은 새로운 지정학을 만들고 있다. 이 지역 국가들에는 도
전이자 기회이기도 하다.

가장 큰 수혜자는 아세안이다. 2018년 APEC 회의와 아세안지역안보
포럼(Asean Regional Forum, ARF) 외교장관 회의에서 미국과 중국은 펜스 부
통령과 시진핑 주석, 폼페이오Mike Pompeo 장관과 왕이王毅 부장이 각각
나서서 아세안 10개국을 포함한 27개국 앞에서 자신의 전략에 대한 지
지를 호소했다.

미국의 폼페이오 장관은 아세안 회원국들에 '인도-태평양 전략'을 설
명하며 더 많은 지원과 관여를 약속했다. 중국의 왕이 부장 역시 동아시

아경제공동체EAEC를 주장하며 아세안과 동아시아 국가들의 단합을 강조했다. 이는 아세안 10개국과 주변국이 단합했기 때문에 가능한 일이다. 집단의 힘이다. 중국과 인도를 접한 동남아 10개국 연합체인 아세안은 전체 인구가 6억 4,000만 명에 달하는 거대 경제 블록이다. 미국과 중국이 공을 들일 수밖에 없다.

아세안은 한·중·일 3국과 인도, 호주, 뉴질랜드, 미국, 러시아가 합세한 동아시아정상회의EAS로 외연을 확장시켰다. 여기서 멈추지 않고 캐나다와 유럽연합, 북한, 몽골 등이 더해져 총 27개국이 참여하는 아세안 지역안보포럼으로 다자외교의 틀을 넓혔다. 향후 아세안이 국제 질서의 균형자 역할을 담당하겠다는 전략이다.

이선진 대사는 '아세안이 특별한 외교력을 갖게 된 이유'를 "국제 정치의 민주화"라고 설명한다. 세력 연합과 그 숫자가 힘의 기반이 된 것이다. 베트남, 캄보디아, 미얀마 등 동남아시아 국가들이 '중국에 종속되지 않는 이유'도 아세안이 가진 힘 덕분이다.

수혜국과 피해국

미국의 '인도-태평양 전략'과 중국의 '진주목걸이 전략'은 인도양과 태평양 연안의 국가들과의 경제적 군사적인 협력과 지원을 담고 있다. 이는 곧 새로운 경제 질서를 위한 활용과 인프라 건설에 대한 투자다. 이같은 상황에서 인도-태평양 연안의 국가들에게 도전이자 기회가 될 수 있다. 어떻게 대처하고 활용하는 가에 달려 있다.

먼저 미국은 미중 신냉전을 통해 세계에 천명한 것은 '미국 중심의 글로벌 공급 사슬망'에서 중국을 퇴출하는 것이다. 이 빈 공간으로 인도-

태평양 국가들은 진입하려는 노력을 경주하고 있다. 즉 미국이 주도하는 새로운 국제 경제의 글로벌 공급 사슬로의 편입을 말한다. 따라서 세계의 공장이 중국에서 아세안으로 이동하고 있다. 가장 큰 혜택을 보고 있는 나라는 베트남, 인도네시아 등 아세안 국가들이다.

또한 중국 역시 '일대일로 사업'을 통해 '인도-태평양' 국가들에게 대대적인 투자를 하고 있다. 그러나 '일대일로 사업'에 참여했다가 피해를 입어 철수하거나 무효화하는 나라들이 있다. 대표적으로 파키스탄과 말레이시아를 들 수 있다. 파키스탄은 '일대일로 사업'에 발을 빼고 있다. 부채 규모가 너무 커서 이득이 없기 때문이다. 또한 말레이시아는 중국과 국제 무역과 기간 시설 등과 관련해 200억 달러 규모의 사업을 추진해 왔는데 마하티르 모하마드 말레이시아 총리는 "일대일로 사업이 너무 큰 빚으로 자국을 옭아매고 있다"며 "새로운 형태의 식민지화가 될 것"이라며 중국 사업 중단을 발표했다. 중국과의 '일대일로 사업'을 통해 빚더미에 올라서면서 많은 국가들이 발을 빼고 있는 형국이다.

유럽 역시 일대일로 사업에 대해 비판적이다. 일대일로가 정치 군사적 영향력 확대를 위한 '중국의 야망'이라는 주장이 제기되기도 했다. 독일의 경제 일간지인 〈한델스브라트〉는 "EU 27개국 주중 대사들이 일대일로 프로젝트에 반대의사를 나타냈다"고 보도했다.[92] 이 신문은 중국 주재 EU 대사들은 보고서를 작성해 일대일로를 비판하며 "일대일로는 무역 자유화라는 EU의 입장과 정 반대"되며 "중국 기업에 유리하게 작용된다"고 주장했다. 보고서는 또 "일대일로는 과잉 생산력 축소, 새로운 수출 시장 창출, 원자재에 대한 접근성 보호라는 중국의 정치적 목적을 추구한다"며 "중국이 유럽 각국을 EU와 분리해 양자 관계를 추구하고 있다"고 강조했다. 이같이 중국의 일대일로 사업이 난관에 부딪히고 있는 것이다.

일본의 미들파워 전략

미중 신냉전 시대에 일본의 국가 전략은 무엇인가?

제2차 세계대전의 패전 국가인 일본은 전후 군사 대국보다는 경제 대국의 노선을 추구해왔다. 그 결과 1996년에는 거의 미국의 GDP 규모에 도달할 정도로 경제 강국으로 도약했다. 한때 '재팬 모델'이 세계적으로 유행했다. 필자가 독일에서 공부하던 1980년대는 일본의 부상과 미국의 몰락이 최대 화두였다. 폴 케네디Paul Kennedy는 《강대국의 흥망》이라는 책에서 "1970년대 중반부터 심각한 쌍둥이 적자에 빠진 미국이 곧 일본에 세계 최강의 자리를 내놓을 것"이라고 단언했다.[93] GM, 포드 등 미국의 자동차회사들은 앞다퉈 '토요타의 생산 방식'을 채택했다. 일본식 생산 방식을 전 세계가 공부하기 시작한 것이다.

하지만 일본은 버블 경제가 문제였다. 더 큰 문제는 일본에서 아무도 버블이라고 생각하지 않는다는 것이었다. 지옥은 순식간에 찾아왔다. '잃어버린 20년'이 시작된 것이다. 1990년 3월 일본 대장성 은행국이 '토지 관련 융자의 억제' 지침을 내렸다. 부동산 관련 융자 '금지' 조치였다. 부동산 가격이 폭락했고, 주식도 급강하했다. 은행들의 연쇄 부도와 개인들은 파산의 길로 갔다.

다행히도 일본은 아베 총리 집권 이후 아베노믹스로 경제가 살아나고 있다. 2018년 9월 일본 도쿄 시내에 있는 일본재건위원회로 후나바시 요이치 이사장을 찾아갔다. 이전에 여러 번 만난 적이 있던 그는 반갑게 맞아주었다. 그에게 질문했다.

"미중 패권 전쟁 시대에 일본의 재건을 위한 국가 전략은 무엇인가?"

그의 대답은 "세계 민생 대국Global Civilian Power"이었다. 갈라파고스의 일본이 아닌 글로벌 일본을 만드는 것이 목표라고 설명했다. 이를 위해 싱크탱크와 글로벌 플랫폼을 만들고 있었다. 이와 맥이 닿아 있는 것이 일본의 '미들파워론'이다. 이는 게이오대의 소에야 요시히데 교수가 밝힌 구상이다. 필자와 게이오대 연구실에 만난 그는 "전후 일본의 외교 현실은 평화헌법과 미일 안보를 기반으로 하는 '보이지 않은 손'으로 인해 견고하다"고 설명했다.[94]

그는 또 "미들파워론과 세계 민생 대국론은 기본적으로 유사한 대전략"이라면서 "대국을 포기하지 못하는 심리가 일본인에게 있다"고 말했다. 후나바시 요이치 이사장은 "독일처럼 세계 평화에 적극적으로 개입하고 역할을 담당하는 나라"라고 설명했다.

하지만 싱가포르의 리콴유 전 총리는 죽기 전 자서전에서 "일본이 선진국에서 평범한 국가로 서서히 빠져들고 있다"고 평가했다.[95] 트럼프의 '아메리카 퍼스트'와 미중 무역 전쟁 시대에 일본의 국가 전략과 미래는 다시 요동치기 시작했다.

러시아의 마이웨이

러시아의 푸틴 대통령은 미중의 패권 전쟁에 아랑곳하지 않고 러시아의 길을 가겠다는 전략이다. 러시아는 미국을 중심으로 하는 서방 사회의 경제외교 제재에도 끄떡하지 않는다. 오히려 공세적이다. 대표적으로 60여 년 동안 남의 땅이었던 크림반도를 러시아 영토로 만들었다. 과거차르 시기나 소련 시대같이 러시아의 대외적 자존심을 높이면서 강대국으로 발돋움하겠다는 의지가 확고하다. 러시아에서 근무한 최석인 대사는 필자와 만나자 "러시아는 군사 대국을 추구하게 될 것"이라면서 "과거 구소련 국가들이 러시아를 중심으로 뭉치고 있다"고 설명했다.

푸틴은 크게 세 가지 목표를 추구한다고 볼 수 있다. 먼저 외교안보적으로는 러시아가 전략핵무기를 보유하면서 초강대국으로 남고 강대국의 지위를 유지하는 것이다. 옛 소련 지역에서의 헤게모니를 유지하기 위해 정치·경제·군사 분야에서 통합을 추진하고 있다. 조지아, 우크라이나 등 일명 '가까운 외국'에 적극적으로 실력을 행사한다. '가까운 외국'은 지금은 독립한 구소련 국가들을 말한다. 푸틴은 우크라이나 사태 이후 자국의 이익을 위해 군사력도 동원할 수 있다는 '군사 독트린'을 발표하기도 했다.

　둘째, 국내 정치적으로 권위주의 체제를 강화해 민주주의와 자유보다는 정국 안정과 경제 발전에 중점을 두고 있다. 동방경제 정책이 그 대표적 사례로, 유라시아 패권 정책이기도 하다.

　마지막으로 푸틴은 군사 현대화를 추진해서 미국이나 중국과의 세계 군사 패권 경쟁에서 도태되지 않으려는 선택을 피고 있다. 핵미사일 개발과 대규모 군사 훈련이 대표적인 사례이다. 나아가 푸틴 대통령이 자랑하는 신형 극초음속 순항미사일 '아방가르드Avangard' 시험 발사에 성공했다. 음속보다 20배 빠른 극초음속 신무기다. 최석인 대사는 "러시아의 강점은 기초과학과 문사철(문학, 역사, 철학)뿐 아니라 군사 기술의 응용 능력이 뛰어난 것"이라고 평가한다. 군사 강국으로 갈 수 있는 인프라와 지적 기반을 갖춘 나라라는 말이다. 미중 패권 전쟁 중에 푸틴의 시대가 러시아의 안정을 가져왔다는 평가와 더불어 러시아는 지금 군사 대국으로 향하고 있다.

3

신냉전은 한반도에
새로운 기회다

기존 질서의 붕괴로 인한 새로운 기회

2016년 11월 11일, 필자는 신문 칼럼을 통해 트럼프의 미국 대통령 당선은 대한민국에 두 가지 변화를 가져올 것으로 전망했다.[96] 이 책에서 반복하자면 하나는 외교안보의 기회가 된다는 것이다. 트럼프는 선거 유세기간 중 "북한의 김정은과 만나 협상할 수도 있다"고 말했는데, 2018년 6월 12일 싱가포르에서 그 말이 현실화되었다. 레이건 대통령이 고르바초프 서기장의 개혁·개방을 지원했듯이, 트럼프 대통령은 북한 김정은 정권의 개혁·개방의 물꼬를 트는 역할을 할 수도 있다. 그 과정에서 한반도에 냉전 종식의 기회가 찾아올 수 있다.

다른 하나는 미국의 보호주의 강화로 한국 제품의 수출이 줄어들 수 있다는 전망이다. 중국에 중간재를 많이 수출하는 구조상, 중국의 대미 수출이 줄어들면 우리나라의 대중 수출도 감소를 피하기 어려울 것이라 는 내용이다. 수출에 의존하는 한국 경제에 위기를 가중시키는 요인이다.

영국 〈이코노미스트〉 산하 연구 기구인 EIU(Economist Intelligence Unit)는 지금 중국과 미국 간에 벌어지고 있는 무역 전쟁의 폐해를 상세히 분석한 보고서를 발표했다.[97] 무역 전쟁은 당사국은 물론이고, 글로벌 경제 전반에 심각한 악영향를 준다. 최종 소비재 가격이 상승하고 인플레이션이 가중되면 물가 상승 억제를 위해 긴축 정책을 시행하게 되므로, '불황형 물가 상승'인 스태그플레이션이 발생할 수도 있다.

어쨌든 관세 때문에 미국산, 중국산의 제품 가격이 올라가면, 이들 국가와 교역을 하는 기업들은 수출입 제한, 가격 경쟁력 등 다양한 요소를 고려하여 다른 대안을 찾을 수 밖에 없다. 그 결과 글로벌 생산 비용 구조에 변화가 있으리라 예상된다. 미국이 중국과 무역 전쟁을 일으키는 목적 중 하나이다. 시신핑 주석도 2018년 APEC 회의에서 이 문제를 제기했다. 미국은 중국을 제외한 새로운 글로벌 공급 체인을 형성해 새 질서를 구축하려고 한다. 이런 변화 속에서 기회를 잡는 국가와 기업들이 나타나고 있다. 특히 아시아, 멕시코 등 산업 구조와 생산 비용 구조가 비슷한 미국과 중국의 인접 국가들에 수출을 늘리는 기회가 온 것이다. 대한민국에도 큰 기회가 될 수 있다. 〈월스트리트저널〉은 "미중 무역 전쟁으로 한국, 대만, 베트남 등이 수혜 국가가 될 것"으로 전망했다.[98] 뱅크오브아메리카 메릴린치도 중국과 수출품 목록이 비슷한 대만, 베트남, 한국이 가장 큰 이득을 얻을 것으로 전망했다.

미중 전쟁이 대한민국에 미치는 영향

우리의 가장 큰 관심사는 미중 무역 전쟁의 결과가 우리 경제에 어떤 영향을 미치느냐는 것이다. 가장 즉각적인 결과는 중국 경제 성장률의 하락이다. IMF는 무역 전쟁으로 인해 "중국은 2019년과 2020년에 경제 성장률이 최저 0.56%, 최대 1.6% 하락"할 것이라고 전망했다.[99] 현대경제연구원은 중국의 경제 성장률이 1% 추락하면 우리의 수출 증가율은 1.6%, 경제 성장률은 0.5% 떨어질 것으로 예상한다.[100] 인하대 국제통상학과 정인교 교수는 "IMF가 세계 경제 성장률을 3.9%로 전망했는데 무역 전쟁으로 0.2포인트를 낮춰서 3.7%로, 그리고 한국은 더 많은 영향을 받을 수 있다"고 말했다.

중국의 경제 성장률 하락은 결과적으로 우리에게 '대對중국 수출 감소'를 의미하며, 많은 기업이 중국에 있는 생산 기지를 제3국으로 이전하는 과정에서 큰 비용을 치르게 될 것으로 예상된다.

둘째, 역설적으로 궁지에 몰린 중국이 제조업을 혁신하여 한국 제조업을 추월할 수 있다. 중국 기업들은 드론, 전기차, 스마트시티 등 첨단 산업에서 이미 한국을 추월했거나 무서운 속도로 따라오고 있다. 미국의 압박이 거세질수록 중국은 '자력갱생自力更生'을 도모하게 된다.

일본이 '잃어버린 20년'을 겪는 동안 구조 개혁을 통해 고부가가치 산업 사회로 전환한 것과 같은 일이 중국에서도 일어날 수 있다는 얘기다. 이 경우 중국은 내수 시장을 키우고 기업의 체질을 개선함으로써 한국의 많은 중간재를 대체하게 된다.

셋째, 세계 교역량의 감소로 인해 경제 후퇴가 장기화된다. 미국과 중국의 경제 성장률이 하락하고 세계 교역량의 감소가 나타나게 된다. 2019년을 맞아 국내 주요 경제 연구 기관장들을 대상으로 한 '한국 경제를 위협할 대외 요인'에 대한 설문 조사에서, 조사에 응한 전문가들은 일제히 미중 무역 전쟁의 악화를 1순위로 꼽았다. 송상호 한국금융연구원 원장은 "두 나라의 갈등으로 세계 교역이 둔화되어 내년 한국 총수출 증가율은 2.1%로 악화될 것"이라며 "총수출은 총수입보다 상대적으로 더 크게 둔화되며 순 수출 규모도 축소될 전망"이라고 답했다.[101] 세계 무역 질서의 혼란은 기업 활동 위축, 투자 감소로 이어져 세계 무역의 위축이 장기화될 수 있다. 세계 경제가 위축되고 교역량이 감소하면 대외 의존도가 높은 한국 경제는 큰 타격을 받지 않을 수 없다.

암울한 예측이 가득한 미중 신냉전 시대에 대한민국의 경제는 어느 방향으로 나아가야 하는가?

우선적으로 중국에 대한 경제 의존도를 낮추고, 수출 구조를 다각화하는 것이 필요하다. 유럽, 아세안, 아프리카 등과의 경제 협력을 통해 수출을 강화하는 전략이다.

둘째, 경제 체질을 개선하는 것이 시급하다. 4차 산업혁명을 선도할 수 있는 기술과 산업의 신성장 동력을 만들어가야 한다. 이를 실현할 미래 국가 전략을 수립하며, 산업의 국제 경쟁력을 높이는 방안을 마련하는 것이다. 삼성전자의 반도체같이 여러 첨단산업 분야에서 초격차가 필요하다. 대한민국의 전략에 대해서는 3부에서 자세히 다루도록 하겠다.

위기를 국익으로

미중 무역 전쟁에 어떻게 대응할 것인가에 대한 논란이 뜨겁다. 두 개의 상반된 주장이 팽팽히 맞서고 있다. 하나는 한쪽을 선택해야 한다는 주장이다. 보수 진영은 경제적 희생이 따르더라도 "미국과의 동맹을 강화해 안보를 선택해야 한다"고 주장한다.[102] 그러나 지금의 전쟁은 경제 영역에서 벌어지고 있어 과거 안보 경쟁을 했던 미소 냉전과 같은 시각에서 보기에는 무리가 있다. 비록 한국은 안보를 미국에 의존하고 있지만, 한국 경제를 떠받치는 해외 수출에서 중국이 차지하는 비중은 25%로 미국의 두 배에 달한다. 앞에서도 살펴봤듯이 양자택일보다는 상황에 따라 유연하게 대처하는 것이 중요하다.

우리는 중국에 중간재를 수출하고, 중국은 수입한 중간재를 완성품으로 조립해 미국에 수출하는 '3각 무역' 협력 관계가 그동안 잘 작동되었다. 미국은 글로벌 공급 사슬에서 핵심 기술을 공급하고, 최종 소비 시장의 역할을 담당했다. 과거 냉전의 구도로 미중 무역 전쟁을 바라본다면 양자택일론도 일리가 있지만, 지금은 그때보다 더 복잡하다는 점도 고려해야 한다.

다른 하나는 미중 무역 전쟁이 우리에게 '쓰나미'급의 '중국발 충격'을 일으킬 때 구한말 고종의 '아관파천' 같은 실수를 반복하지 않고 철저히 국익의 관점에서 정세를 정확하게 파악해야 한다는 주장이다. 고종은 러시아 제국을 최강국으로 판단하여 영국과 러시아의 경쟁에서 러시아 편에 서는 오판을 범하여, 조선이 영국 편에 선 일본의 식민지가 되는 빌미를 제공했다. 향후 우리는 과거의 틀에서 해석하거나 '승자와 패자'라는 이원론적 프레임에서 벗어나, 철저히 국익의 관점에서 판단해야 한다는 지적이다.

김정은 북한 위원장이 첫 판문점 정상회담에서 문재인 대통령에게 한 "과거 한반도는 지정학적인 불운을 맞았으나 이제 지정학적 행운의 지역으로 만들어야 한다"는 말에도 '강대국들의 이해관계 속에서 국익 중심의 외교를 잘 펼쳐야 한다'는 정확한 정세 판단이 포함되어 있음을 알 수 있다.

우리가 주도권을 잡고 변화를 기회로 만들기 위해서는 두 가지 원칙을 잊지 말아야 한다. 첫째는 약소국이라고 해서 자력갱생하지 못하리라는 법은 없다. 스위스가 대표적인 사례다.

　우리는 "외부 세력에 맞서서 스스로를 지킬 수 없던 조선의 무능이 동북아의 불안 요인이었다"[103]는 미국의 일본 근대사학자 피터 두스Peter Duus의 충고를 되새겨야 할 시점에 있다. '우리는 약소국이며 강대국의 희생자'라는 프레임에 갇혀 스스로 지킬 힘을 기르지 않고 다른 나라에 의존하려는 생각을 버려야 한다는 역사의 교훈을 기억해야 한다.

　다른 한 가지는 21세기 대한민국은 과거 19세기 조선이 아니라는 점이다. 우리는 세계 10대 경제 강국인 데다 우수한 인력 및 강대국들과의 견고한 동맹 관계를 구축하고 있다. 더 이상 새우가 아니라는 지적이다. 우리는 돌고래로서 우리의 국익을 위해 미중 신냉전 시대를 적극적으로 헤처가야 한다. 이를 위해 외부적으로는 우호 세력을 확대하고, 내부적으로는 세계 경제 질서의 트렌드를 파악하여 우리의 전략·전술을 마련하는 것이 급선무이다.

　어쨌든 패권 전쟁 당사자는 미국과 중국이기 때문에 화살이 직접적으로 우리를 겨냥하지는 않는다. 이를 잘 활용하기만 하면 우리에게는 오히려 기회가 될 수 있다. 우리 앞에 어떤 기회가 숨어있는지에 대한 연구와 브레인스토밍이 필요한 시점이다.

북한의 딜레마

미중 무역 전쟁에서 가장 입장이 난처하고 머리가 아픈 국가는 북한이다. 싱가포르 정상회담까지만 해도 북미 관계가 전 세계 헤드라인을 장

식하면서 문제 해결에 대한 기대를 모았지만, 북미 관계가 정체되면서 북한은 우선순위에서 미중 무역 전쟁에 밀리고 있다. 북한 입장에서는 북·중·미 관계에서 주도권을 놓치는 것으로 해석할 만하다.

2018년 12월 1일, 아르헨티나에서 개최된 G20 회의에서 열린 미중 정상회담의 결과는 북한을 더욱 고뇌에 빠져들게 만들었다. '든든한 뒷배'라고 믿은 중국이 미국에 고개를 숙였기 때문이다. 트럼프 대통령은 "시진핑 주석이 북한 문제에 대해 '100% 협력'을 약속했다"고 말했다. 그는 또 "우리(나와 시 주석)는 북한과 관련해 매우 강력하게 협력하기로 합의했다"고 기자들에게 설명했다. 북한의 비핵화를 위한 공조를 천명한 것이다.

북미 정상회담을 앞두고 시진핑 주석을 네 번이나 방문하고, 심지어 회담 장소로 이동하는 데 중국 비행기를 빌려 탈 정도로 중국을 의존하는 북한 입장에서는 중국의 패배가 곧 자신의 패배나 마찬가지이다.

그렇다면 북한이 살아남는 방법은 무엇인가?

북한은 미중 무역 전쟁을 '역이용하는 전략'을 고민할 것이다. 북한 경제의 개혁·개방을 말한다. 북한에는 베트남의 도이모이 같은 정책이 필요하다. 일당 체제와 경제 성장을 동시에 이룬 싱가포르나 베트남처럼 되려면 세계 경제 질서로의 편입이 필수적이다. 2월 27~28일 2차 북미 정상회담 장소로 베트남이 확정됐다.《영구 평화론》에서 "무역과 경제 교류를 통해 평화와 번영에 기여하게 된다"고 설파한 임마누엘 칸트 Immanuel Kant의 말이 지금 북한에 딱 맞는 표현이다. 미국이 개혁·개방의 손을 내미는 이 시점이 북한에는 경제 발전에 전환을 이루는 절체절명의 기회다.

어렵게 찾아온 기회를 잡으려면 북한도 과거 냉전의 구도인 '세력 균형Balance of Power'의 전략을 버려야 한다. 이러한 구도 속에서는 강대국

패권 놀이의 희생양이 될 뿐이다.

가장 중요한 과제는 어떻게 '안보 딜레마'로부터 벗어나느냐이다. 북한은 강대국에 둘러싸여 경제적으로 약하고, 외교적으로 고립되어 있어 '핵만이 스스로를 지키는 유일한 수단'이라는 믿음을 가지고 있다. 하지만 비핵화를 선언한 이상 핵 없이도 안보 불안을 극복할 방법을 찾고, 경제 발전에 매진하는 것이 중요하다.

북한 경제의 개혁·개방은 대한민국 경제에도 큰 영향을 미친다. 단편적인 예로 현재 삼성전자가 베트남에 진출해 16만 개의 일자리를 만들고 있는데, 북한에 진출하면 발전 잠재력이 더욱 높다는 것이 전문가들의 관측이다. 북한 전체의 GDP가 삼성 전체 매출액의 8분의 1밖에 되지 않기 때문이다. 4차 산업혁명의 선도 국가인 한국, 중국, 일본에 둘러싸인 북한은 지리적인 이점을 잘 활용하면 4차 산업혁명 시대에 기회의 땅이 될 수 있다.

가장 시급한 과제는 2차 북미 정상회담을 성공적으로 개최하여 비핵화의 모멘텀이 끊이지 않게 하는 것이다. 이를 계기로 한반도 비핵화 프로세스를 세계적으로 인정과 지지를 받는 이벤트로 각인시키는 것이다.

장기적으로 한반도 문제를 풀기 위해서는 새로운 패러다임으로 접근할 필요가 있다. 이것은 '지경학적geo-economics' 접근으로, 협력과 연대를 강조하고 서로가 윈-윈하는 방법을 말한다.

서울대 윤영관 명예교수는 한반도 지정학을 주제로 한 토론회에서 "지정학적 불안으로 겪은 분단와 안보 위기를 극복하는 핵심 열쇠는 글로벌 경제 네트워크에 북한을 묶어내는 지경학적 접근"이라고 주장했다. 지경학적 접근으로 미국과의 관계를 개선하여 북한이 세계 경제 질서에 편입되고, 장마당을 자유시장으로 정착시키는 것이 남북이 평화와 번영으로 가는 지름길이다.

3부

어떻게 미래를
준비할 것인가?

동북아 체스판의 주역으로

1장

한반도의 지정학적
가치를 활용하라

1. 코페르니쿠스적 발상으로 한반도에서 신문명을
2. 한반도 체스판에 트럼프 재선과 동북아 미래가 달려 있다

NEXT WORLD & KOREA

1

코페르니쿠스적 발상으로
한반도에서 신문명을

한반도에 대한 코페르니쿠스적 발상

우리에게는 한반도의 지정학적 가치를 바라보는 두 가지 시각이 있다. 강대국에 둘러싸여 이리 차이고 저리 차인다는 시각과, 이웃 나라에 무서운 흉기가 될 수 있다는 관점이다. 이 두 시각에서 벗어나야 한다. 과거의 역사는 전자에 가까웠다. 전자의 경우 방어적인 태도를 지니게 된다. 이런 심리를 잘 나타내는 말이 있다.

"미국을 믿지 말고, 소련에 속지 말라. 일본은 일어난다. 조선은 조심하라."

광복 후에 일반 국민들 사이에서 유행했던 말로, 약소국의 심리를 잘 보여준다. 강대국들 사이에 끼여 두려워하는 약소국 국민들의 방어적 심리가 드러난 표현이다. 그러나 돌아보면 '조심하라'뿐 아니라 '단결하라'가 필요한 시대였다. 분열의 대가가 얼마나 큰지 역사적으로 경험하지 않았는가.

다른 관점은 한반도라는 지정학적 위치가 다른 이웃 나라에 '흉기'가 될 수 있다는 사고이다.

"일본에 코리아는 '열도의 심장을 겨누는 비수'이고, 중국에 코리아는 '대륙의 머리를 때리는 망치'이고, 러시아에 코리아는 '태평양으로의 진출을 막는 수갑'이며, 미국에 코리아는 '일본 태평양 군사력에 대한 방아쇠'이다."[104]

이러한 현실 때문에 지난 5,000년간 주변 국가들로부터 잦은 침략을 당할 수밖에 없었다는 시각이다. 한반도의 지정학적 가치가 높았기 때문이다. 오랜 기간 한반도는 대륙 세력 간의 경쟁, 혹은 한족과 북방 민족 간의 경쟁이라는 고래 싸움에 등이 터지는 새우 같은 존재였다. 그러나 당했던 것만은 아니다. 한족이나 북방 민족과 어깨를 나란히 했던 고구려도 엄연한 우리의 역사이다.

16세기까지 한반도는 '대륙의 끝에 있는 나라'였다. 그러던 중 이러한 패러다임에 전환을 가져오는 사건이 발생했다. 바로 임진왜란이다. 이후로 한반도 역사에서 지배적인 패러다임이 되는 '대륙 세력과 해양 세력의 충돌'이 처음 발생한 것이다. 당시 조선은 대륙 세력인 명나라와 연대해서 해양 세력을 방어했다. 18~19세기가 되자 세계의 판도는 완전히 바뀌었다. 몰락하는 대륙 세력과 글로벌 식민 제국을 구축한 해양 세력이 한반도를 두고 패권 전쟁을 벌였다. 동아시아를 넘어 글로벌 차원의 게임이었다.

무적함대의 스페인, 오렌지 군단의 네덜란드, 해가 지지 않는 대영제국, 팍스 아메리카나의 미국 등 역사적으로 패권 전쟁에서 이긴 세력은 '새로운 문명'을 이끌었다. 패권 전쟁에서 승리한 나라의 관습과 문화는 세계로 퍼져나갔고, 패배한 세력의 문화는 '야만'으로 치부되며 점점 사라져갔다. 비교적 최근 사건인 제2차 세계대전은 미국과 독일로 대표되는 자유민주주의와 전체주의라는 문명 간의 전쟁이었다. 승리한 미국의 자유민주주의와 시장경제라는 제도가 세계 질서의 표준이 되었다. 역사에 '만약'이란 없지만, 독일 혹은 소련이 미국을 이겼다면 오늘날 문명은 어떻게 되었을까?

한반도에 대한 새로운 발상과 행동이 필요하다. 한반도는 지정학적으로 불운한 지역이라는 부정적인 관념에서 벗어나, 지정학적 특성을 행운으로 만들 수 있다는 생각과 실천 전략이 필요하다. 한반도에 대한 '코페르니쿠스적 발상'의 전환을 말한다. 문명사적 관점에서 새로운 한반도의 '그랜드 플랜'을 찾아보려고 한다.

길 땅과 바다의 경계에서 신문명이 꽃핀다

지난 2,000년간 인류 문명의 발전 과정을 추적해보면, 신문명이 꽃피는 데에는 공통점이 있다. 먼저 지정학적으로 경계인 '길 땅(반도)'과 '바다'가 접하는 곳에 위대한 리더가 있었다. 반도라는 말은 길 땅by land에서 유래했다.

발칸반도 끝자락에 위치하여 동서양 문물 교류의 중심지였던 그리스는 기원전 5세기에 '민주주의의 아버지'라고 불리는 위대한 지도자 페리클레스의 등장과 함께 유럽 문명의 기초를 쌓았다. 이 시기에 소크라테스, 플라톤, 아리스토텔레스 같은 위대한 철학자들이 등장했다. 철학과 민주주의의 시작이다. 신화의 나라에서 철학의 나라로 발전한 것이다.

이탈리아반도에 위치한 로물루스가 세운 로마 제국은 그리스 문화를 더욱 발전시켰고 전 유럽으로 확산시켰다. 로마는 최초로 '세계 시민'과

'법전'의 개념을 만들어 법치주의와 공화국을 확립해나갔다. 노예도 로마 시민이자 황제가 될 수 있었다. "신 앞에 평등하듯이 법 앞에 평등하다"는 사상이 뿌리내리기 시작했다. 이를 기반으로 기술과 문화 예술이 융성해지고 "모든 길은 로마로 통한다"는 말처럼 유럽 대륙을 도로로 연결시켰다.

어두운 중세 시대를 지나, 15세기에 새로운 문명의 시대가 찾아왔다. 이베리아반도의 포르투갈과 스페인 왕국이 신대륙을 개척하는 대항해 시대를 연 것이다. 무대는 지중해에서 인도양과 대서양으로 옮겨졌다. 아시아와 아메리카 대륙에서 향신료 등 새로운 문물이 유럽으로 흘러들었다. 이베리아반도 전성기의 이면에는 엔리케 왕자와 이사벨라 왕후, 그리고 스페인의 지원을 받은 콜럼버스라는 탐험가가 있었다.

대항해 시대에 발전한 해상무역은 네덜란드와 대영제국에서 '근대 자본주의'라는 신문명을 일으켰다. 라인강, 마스강, 발강의 3대 하천이 만나는 하류에 걸쳐 있는 저지대 국가인 네덜란드는 유럽 대륙의 북서쪽 끝에 위치하며 그라비에반도, 리랄반도 등 수많은 반도를 끼고 있다. 세계 최초로 주식을 발행한 동인도회사를 설립하고 17세기를 휩쓸었으며 암스테르담은 세계 최대의 항구가 되었다. 상업이 융성하자 문화도 꽃을 활짝 피웠다.

같은 시기에 스페인 무적함대와의 전쟁에서 승리하고 바다의 지배자로 발돋움한 영국도 식민지 쟁탈전에 뛰어들어 인도, 호주, 아메리카 대륙에 식민지를 건설했다. 식민지에서 본국으로 흘러들어간 부富는 부유한 신흥 상인 계층을 형성했고, 세력과 영향력을 확장해나간 그들은 왕정에 사유재산권을 요구했다. 이렇게 시작된 권리에 대한 요구는 마침내 1688년 '의회민주주의'의 시작을 알리는 명예혁명으로 이어졌다. 신문명은 산업혁명의 발판을 마련해주었다. 상업의 성장은 새로운 제도와 이론을 필요로 했다. 애덤 스미스의 《국부론》, 근대적 유한책임회사, 해상 보험과 주식거래소가 생겼다. 오늘날까지 이르는 '근대 자본주의'가 태동한 것이다.

대영제국이 세운 문명은 이후 수 세기 동안 이어졌으나 20세기에 제1, 2차 세계대전을 겪으며 미국이 주도하는 '리버럴 문명'에 자리를 내주고 만다. 영국의 의회제도, 법치주의, 시장경제 시스템을 이식받은 미국은 이를 더욱 발전시켰다. 신분의 차별이 없는 민주주의를 이룩하자, 재능 있는 사람들이 동시다발적으로 등장했다. 대륙이 철도로 연결되고 유통 혁명이 일어났다. 전기가 발명되었고 전국의 밤이 환하게 밝아졌다. '효율'은 자동차의 대량 생산마저 가능하게 했다. 20세기가 되자 서민들도 자동차를 타고 다니는 사회가 되었다. 교통과 통신의 비약적인 발전을 이룬 미국은 세계를 단일 문화권으로 바꾸었다. '미국적인' 것은 '세계적인' 것이 되었다. 자유민주주의와 시장경제는 세계를 굴러가게 하는 두 개의 바퀴가 되었다.

한편 지구 반대편에서는 서구 문명이 삐걱대는 틈을 타 중국이 도전장을 던졌다. 전체주의라는 케케묵은 이념을 수정·보완하여 '중국 특색 사회주의'라는 이름하에 미국이 설계한 질서에서 이탈해, 미국을 대체하는 패권국이 되겠다고 선언한 것이다.

그리고 스칸디나비아반도에서 새로운 문명이 시작되었다. 러시아, 영국, 독일의 힘겨루기 사이에서 북유럽 국가들은 복지문명이라는 새로운 국가 모델을 만들었다. 패권 국가들보다 더 '살기 좋은 나라'를 만들기 위해 새로운 시스템을 창조하고 누구에게나 기회가 주어지는 사회를 만들어갔다. 국가의 힘보다는 시민의 행복이 중요하다는 것을 말한다. 그들은 또 노벨상을 만들어 평화와 과학기술의 위대함을 기리는 글로벌 컨센서스Consensus를 만들었다. 작은 나라도 '복지 단결'을 통해 러시아,

독일, 영국이라는 패권 세력보다 앞서가는 새 길을 개척한 것이다.

역사적으로 보면 발칸반도에서 민주주의, 이탈리아반도에서 세계 시민과 법전, 이베리아반도에서 대항해술과 근대민족국가, 네덜란드반도와 영국에서 자본주의, 스칸디나비아반도에서 복지국가라는 신문명이 꽃피워온 것이다. 이제 한반도에서 새로운 문명을 일으킬 차례다.

문명이 충돌하는 한반도에서 신문명을

"앞으로 15년 동안 자유무역 질서 해체, 세계적인 인구 역전 현상, 유럽과 중국의 붕괴는 한순간에 덧없이 지나가게 된다. 2015년부터 2030년까지의 기간 동안에 낡은 냉전 시대의 질서가 완전히 씻겨 내려간다. 그러나 역사의 종말이 아니다. 다음 역사를 새로 쓰기 위해 판을 새로 짜는 셈일 뿐이다."[105]

새 판의 시대가 도래하고 있다. 새 판은 새 문명을 말한다. 피터 자이한Peter Zeihan은 "현재는 과도기를 지나는 과정이며, 홉스가 말한 '만인에 대한 만인의 투쟁의 시기'가 오고 있다"고 경고장을 날린다. 세계는 다시 문명사적 전환기에 놓여 있다. 민주주의, 법치주의, 자본주의, 복지사회, 사회주의 등 서구가 발명한 '문명'들이 창조를 거듭하며 진화해온 것이다. 그러나 때로는 문명과 문명이 충돌하면서 제국주의라는 괴물과 전쟁을 야기시키기도 했다. 소련 해체 이후 30년간의 평화 시대에서 다시 혼돈의 시대로 넘어가고 있다.

"지구는 돈다."

물리학뿐 아니라 인류 역사의 발전 트렌드에도 적용되는 말이다. 우리가 아는 문명은 중앙아시아, 이집트에서 시작하여 남유럽과 서유럽을 넘어 서쪽 바다를 건너 미국까지, 즉 동에서 서로 옮겨왔다. 그 흐름이 거의 지구 한 바퀴를 돌아 이제 동아시아로 오고 있다. 저명한 역사학자 폴 케네디나 정치학자 즈비그뉴 브레진스키Zbigniew Brzezinski는 '동아시아의 시대'라고 표현했다. 제국의 흥망사를 연구한 그들은 일본과 중국의 부상을 제기했고, 지금 중국과 일본은 세계 2, 3위의 경제 대국이 되었다. 문명을 구성하는 중요한 요소인 '정신'과 '콘텐츠'에서도 동양적 가치가 전 세계로 전파되고 있다.

문명사를 전공한 세계적인 사회학자 노르베르트 엘리아스Norbert Elias는 문명이 발전하게 된 원동력을 '부끄러움'에서 찾고 있다.[106] 잘못된 것에 대한 부끄러움이 개선의 연료가 된다는 것이다. 그런 측면에서 일본과 중국은 신문명을 만드는 인간의 핵심 가치인 '수치'와 '부끄러움'에 둔감하다. 역사에 대한 반성을 말한다. 일본은 과거 침략과 제국주의에 대한 반성이 약하고, 중국도 과거 침략이나 톈안먼 사태에 대한 반성 없이 패권 국가로의 성장에만 도취되어 있다. 오죽하면 중국의 정치학자 왕동王株은 아주대 세미나에서 "중국은 과거로부터 벗어나지 못해 맞지 않은 옷을 입고 있다"는 말을 했겠는가. 중요한 지적이다.

동아시아에서 신문명을 꽃피울 수 있는 조건 혹은 가능성을 갖춘 나라가 있다면 한반도 대한민국이다. 한반도는 20세기에 가장 눈부신 성장과 함께 시장경제와 민주주의를 둘 다 이룬 유일한 국가이다. 타국을 침략한 역사의 과오로부터 자유로우며, 대한민국의 콘텐츠는 아시아를 넘어 난공불락으로 여겨지던 유럽과 미국에서도 바람을 일으키고 있다. 우리가 가진 것을 객관적으로 보는 눈이 필요하다. 한반도에서 신문명이 자랄 수 있는 이유는 다음과 같다.

첫째, 모든 대립이 충돌하는 '경계'의 지역에 위치하고 있다. 여기서 경계란 서양과 동양, 산업국가와 개발도상국, 종교와 종교, 대륙과 해양,

그리고 자유민주주의와 사회주의 간의 경계를 말한다. 즉 오늘날 세계를 설명하는 굵직한 요소들이 총집합하여 경계를 이루고 있는 '경쟁의 최전선'이다. 세계 어디에도 이와 같은 경계에 걸친 나라는 없다.

둘째, 세계에 통용되는 소프트 파워가 있는 지역이다. 대한민국은 자유민주주의, 법치주의, 민족국가, 자본주의, 시장경제 등 서구의 시스템을 성공적으로 이식한 몇 안 되는 아시아 국가이다. 거기에 '신명의식'과 '홍익인간'이라는 특유의 정신적 가치와 특성을 결합해 놀라운 문화를 만들었다. 신명의식이란 "누구나 신바람나면 신이 된다"는 의미이다. 역동적인 한국 산업화의 바탕이 된 정신이다. 홍익인간은 "널리 세상을 이롭게 한다"는 뜻으로 열린 사회를 향한 보편성을 추구하는 글로벌 마인드와 공통분모를 갖추고 있다. 그 결과 반도체, 전자, 화장품 등의 산업에서 세계 최고가 되었다. 문화, 게임 분야에서는 더욱 고무적이다. K-pop, 드라마, 웹툰, 온라인 게임도 세계를 선도하는 수준으로 발전했다.

500년 전 마르틴 루터Martin Luther가 종교개혁을 단행하면서 부르짖은 '소명의식'이 '자본주의'를 낳은 프로테스탄티즘의 정신이 된 것처럼 대한민국의 기적을 가능케 한 '신명의식'과 '홍익인간'이라는 가치는 새로운 문명을 꽃피우는 DNA로 작동할 수 있다.

그러나 아직 한반도에는 신문명을 이끄는 '결정적인 무엇'이 부족하다. 위대한 글로벌 리더십, 새로운 룰, 새로운 산업의 부재 등 '미래를 이끄는 동력'이 보이지 않는다. 무엇을 어떻게 준비해야 할까? 시작은 작금의 난제, 즉 '코리아 문제'를 어떻게 해결하고 새로운 세상을 준비할 것인가에 달려 있다.

한반도 체스판에 트럼프의 재선과 동북아 미래가 달려 있다

한반도 문제가 트럼프 대통령의 재선을 결정한다

동북아 정세에 가장 큰 상수는 단연코 트럼프 대통령이다. 2020년 그의 재선 여부에 따라 여러 나라의 운명이 갈릴 것이다. 그러나 아이러니하게도 트럼프 대통령 재선은 동북아 정세에 달려 있기도 하다.

트럼프 대통령의 재선에 대한 전망은 엇갈리고 있다. 2018년 〈뉴욕타임스〉가 '트럼프 대통령의 재선에 대한 전망'이라는 특집 칼럼을 게재했다. 칼럼니스트 브렛 스테펀스Bret Stephens는 '트럼프가 2020년 재선에서 어떻게 승리할 것인가'라는 글에서 트럼프의 승리를 장담했다.[107] 그 이유로 미국의 경제 호황을 들고 있다. 그는 "경제 성장률 3.2%와 거의 완전고용에 가까운 4.0%의 실업률, 그리고 뉴욕 증권 지수가 3만을 넘었다"고 설명했다. 또한 그는 경제가 호황일 경우 재선에 실패한 대통령이 한 명도 없었다고 말했다. 반대로 아버지 부시 대통령이 외교안보에 승리(소련의 몰락, 이라크 전쟁 승리)하고도 재선에 실패한 것은 경제 때문이었다고 분석했다. 당시 대통령 선거에서 클린턴은 '이 바보야, 경제야'라는 슬로건으로 부시 대통령에게 승리했다. 스테펀스는 또 "민주당 대통령과 부통령 후보인 워렌Elizabeth Warren 주지사와 브라운Scott Brown 상원의원이 미국 경제의 미래에 대해 대안을 제시하지 못한다"고 비판했다. 민주당이 내건 선거 대선 슬로건 '헬스케어와 무상 대학'은 시민들의 세금 인상으로 실패할 수밖에 없다고 진단한다.

안병진 교수 등 미국 전문가들은 "민주당 대선 후보가 약체이기 때문에 트럼프의 재선이 유리하다"고 평가한다. 여론 조사에 따르면 차기 민주당 대선 후보로 조 바이든Joe Biden 전 부통령과 버니 샌더스Bernie Sanders 상원의원이 상위권을 차지했다. 하지만 이들은 2020년이면 80세가 넘는다. 그만큼 민주당에는 인물이 없다. 또한 워싱턴의 엘리트와 민주낭이 트럼프를 지나치게 인신공격하는 것도 오히려 트럼프의 승리에 도움이 된다고 평가한다. 그런 모습이 일반 국민들에게 '거대 권력이 기득권을 지키려는 모습'으로 비춰지기 때문이다.

반면에 데이비드 리온하트David Leonhardt는 트럼프의 낙선과 민주당 후보의 당선을 예측한다. 낙선의 원인으로는 "미국 중산층의 몰락과 이들의 월급 하락, 가장 인기 없는 대통령" 등을 들고 있다. 2018년 중간선거에서도 일부 나타났듯이, 대선에서 트럼프를 지지한 중산층들이 다시 민주당으로 돌아선다는 전망이다.[108]

2018년 중간선거 결과는 2020년 트럼프 재선의 바로미터가 될 수 있다. 대통령에 대한 '신임 투표'로 불리는 중간선거는 무승부로 끝났다. 대다수 언론의 전망대로 상원은 공화당이, 하원은 민주당이 승리했다. 트럼프는 경제 호황과 외교 정책을, 민주당은 헬스케어와 이민 정책을 공략했다. 권력의 균형이 이루어진 시점에서 당분간은 대통령과 의회 간

'체크 앤드 밸런스'의 견제와 균형이 작동할 전망이다.

결국 트럼프 대통령의 재선 승리는 자신의 지지층을 얼마나 투표소를 끌어올 수 있는가에 달려 있다. 지지층이 결집하면 승리할 수 있기 때문이다. 미국 언론들은 "미국에는 트럼프 지지자들 중 '트럼프를 지지한다'고 공개적으로 밝히지 못하는 '샤이 트럼프Shy Trump' 현상이 있다"고 분석한다. 아산정책연구소의 김지윤 연구원은 "이들이 투표장으로 오게 하려면 어떤 계기가 필요하며, 트럼프 대통령과 김정은 위원장의 핵미사일 문제 해결이 큰 계기가 될 수 있다"고 말한다.[109] 왜냐하면 트럼프 잠재 지지층들에게 "대통령다운 일을 하고 있다"는 인상을 줄 수 있기 때문에 선거 참여 동기를 유발할 수 있다는 것이다. 트럼프는 탄핵 위기에서도 벗어날 수 있다.

또한 중간선거에서 승리한 민주당은 북한 인권 문제에 대해 더 많은 주문을 할 가능성이 크다. 트럼프는 이를 북핵 협상에 레버리지로 활용할 수 있다. 트럼프는 북한의 2인자 격인 최룡해를 '심각한 인권 유린자'로 분류해 제재에 들어갔다.

결국 북핵과 미사일 문제 해결이 트럼프의 재선에 결정적인 카드가 될 수 있다. 문제는 김정은과 북한의 비핵화 결정에 달려 있다.

북한이 비핵화를 선도적으로 추진할 경우, 미국의 트럼프는 이에 대한 상응 조치를 할 수 있다. 재선에 도움이 되는 이벤트이기 때문이다. 세계 질서의 혼돈과 파괴를 선도하는 트럼프의 유일한 긍정적인 행보는 북한 김정은 위원장과의 관계이다. 그럼 어떻게 교착 상태에 꼬인 북핵과 미사일 문제를 해결할 수 있을까?

한일 더블 볼란테 전략

"'볼란테Volante'란 포르투갈어로 미드필더를 지칭하는 축구 용어인데, 박지성이나 나카타 같은 미드필더 선수들이 덩치는 크지 않아도 넓은 시야와 큰 폐활량을 가지고 운동장을 누비면서 경기를 조율하는 것처럼 한국과 일본이 동아시아 외교 판에서 이러한 역할을 담당해야 한다."[110]

서울대학교 일본연구소 남기정 교수는 한일 관계가 '더블 볼란테'로 간다면 동아시아 외교 판을 훨훨 날 수 있다고 해석한다. 한일 관계보다 더 철천지원수였지만 더블 볼란테 외교를 보여주는 나라들이 있다. 바로 프랑스와 독일이다. 두 나라는 단결해서 정치·경제에서 유럽연합 27개 국의 선구자와 후원자의 역할을 담당하고 있다. 이들 국가를 중심으로 27개국이 뭉치기 때문에 패권 국가인 미국과 러시아에 맞서기도 하고, 제 목소리를 내기도 한다. 독일과 프랑스가 서로 으르렁대며 극우민족국 가로 치달았을 때는 전쟁과 광기의 시대가 지배했다.

원수지간이었던 프랑스와 독일이 손을 잡을 수 있었던 것은 위대한 선구자들과 이를 잘 승계한 후계 리더들이 있었기 때문이다. 2차 세계 대전 후 독일의 아데나워Konrad Adenauer는 21번이나 퇴짜를 맞은 후에야 프랑스의 드골Charles De Gaulle을 만날 수 있었다. 그만큼 공을 들였고, 이를 통해 새로운 시대, 새 프·독 관계를 만들어갔다.[111] 이후 중도좌파인 프랑스 사회당의 미테랑François Mitterrand과 중도우파인 독일 기민당의 콜 Helmut Kohl 등 정파와 상관없이 유럽의 평화와 번영을 위해 유럽의 공동 체를 건설해나갔다. '유로'라는 단일 통화와 '유럽연합'이라는 경제 공동 체를 건설해서 노벨평화상을 수상하기도 했다.

〈아사히신문〉의 전 주필 후나바시 요이치 이사장도 필자에게 "한일 관계도 프랑스와 독일처럼 발전해야 한다"고 강조했다. 또한 도쿄 국제

대 이즈미 하지메伊豆見元 교수 등 일본의 전문가들은 "한국과 일본은 과거 제국국가와 식민지 관계가 아닌 대등한 수준의 나라가 되었다"고 평가한다. 대한민국이 그만큼 발전한 것이다. 일제에 대한 콤플렉스에서 벗어나야만 새로운 한일 관계가 형성될 수 있다는 뜻이다.

한국과 일본은 경제 강국이고, 아시아에서 가장 모범적인 민주주의 국가로 도약했다. 홍익대 앞에는 일본의 '이자카야 문화'가, 일본의 도쿄돔에선 'BTS 공연'이 절찬리에 공연 중이다. 시민들 차원에서 장벽 없이 두 나라의 문화를 즐기고 있는 것이다. 한반도(남·북한)와 일본의 인구를 합치면 2억 명이 넘는다. 거기에 동북 3성과 러시아 동북부를 합치면 3억 명으로 미국 인구와 비슷한 수준이 된다. 그런 만큼 경제적으로 기회가 많아진다는 뜻이다. 동아시아에서 대한민국과 일본이 프랑스와 독일처럼 협력하면 외교안보와 경제를 이끌어가는 구심점이 될 수 있다.

그러려면 과거의 역사와 영토 문제 때문에 미래로 가는 발목이 잡혀서는 안 된다. 과거는 과거대로 바로잡되, 그것이 미래를 막아선 곤란하다. 과거보다 미래가 더욱 중요하기 때문이다. 과거를 바로잡는 일도 더 나은 미래를 위함이다. 현명해지자는 것이다. 한일 관계의 목표는 공동의 가치, 즉 개인의 자유와 인권, 번영과 복지, 문화와 산업 발전을 더욱 도모하기 위함이다. 미중 패권 전쟁이 심화될수록 동아시아 전쟁에 휩쓸리지 않으려면 대한민국과 일본은 보편적 가치에 더욱 충실해야 한다. 양국이 연합해야 전쟁을 막을 수 있다. 동아시아의 평화는 "한일에 달려 있다"는 것이 세계적인 평가이다.

남북 단결로 동북아 체스판을 주도하라

오늘날 동아시아는 100년 전과는 많이 다르다. 먼저 강대국의 패권 구도가 변했다. 100년 전 청나라는 서구 열강의 먹잇감에 불과했지만 지금의 중국은 미국과 경쟁하는 최강대국으로 도약했다. 100년 전 대영제국과 어깨를 나란히 한 러시아는 동아시아에서 큰 영향력을 행사하지 못하고 있다. 현재의 키 플레이어는 '아시아로의 회귀'를 내세운 미국, 대항마인 중국, 비록 미국의 영향력 아래에 있지만 경제 강국이자 전략적 유연성을 갖고 있는 일본, 마찬가지로 경제 강국으로 부상한 한국과, 핵과 미사일로 위협적인 군사력을 자랑하는 북한이다. 동북아의 판이 달라진 것이다.

동북아는 유럽과 달리 평화와 공영의 시대로 나아가지 못했다. 아직 과도기에 있다고 볼 수 있다. 역사의 지체라고나 할까. 동북아는 남북한 및 4강의 이해관계가 첨예하게 얽혀 있는, 구냉전과 신냉전이 공존하는 최전선이다. 그러나 다행히 2018년에 들어와 동북아 국가들의 관계에 변화가 시작되었다. 무엇보다도 오랜 갈등과 대립에서 새로운 평화로의 여정을 걷기 시작한 것은 고무적인 현상이다. 베이징대 추잉지우 교수는 필자에게 "이 같은 변화는 우선적으로 남북이 대결에서 공존공영 정책으로 전환했기 때문"이라고 설명한다. 특히 그는 "북한 김정은 위원장의 결정을 높이 평가한다"고 말했다.

기존의 북한은 2013년 3월 당 중앙위원 전체회의에서 '핵·경제 병진 노선'이 당의 항구적인 전략이라고 발표했다. 이후 핵과 미사일 개발에 몰두해 실질적인 핵보유국이 되었다. 2018년 문재인 대통령은 영국 BBC와의 인터뷰에서 "북한에 약 60개의 핵이 존재한다"고 인정한 바있다. 남북한 최고위층 인사의 입에서 나온 최초의 북한 핵 숫자이다.

2018년 북한 선수단의 평창 동계 올림픽 참가를 계기로 관계의 전환이 시작되었다. 김정은 위원장은 2018년 4월 20일에 개최된 노동당 제7기 3차 전원회의에서 "우리 공화국이 세계적인 정치사상 강국, 군사 강국의 지위에 확고히 올라선 현 단계에서 전당, 전국이 사회주의 경제 건설에 총력을 집중하는 것, 이것이 우리 당의 전략적 노선"이라고 강조했다. 또한 그는 "우리 당의 병진 노선이 위대한 승리로 결속된 것처럼 경제 건설에 총력을 집중할 때 새로운 전략적 노선도 반드시 승리할 것"이라고 선언했다. 이어 2018년 4월 판문점 회담을 시작으로 세 차례 남북 정상회담을 가졌고, 6월에는 최초로 북미 정상회담까지 성공적으로 열렸다. 이 같은 정상회담을 통해 명문화된 것은 '완전한 한반도 비핵화' 조항이다.

　　하지만 이를 두고 각기 다른 해석이 존재한다. 먼저 문재인 정부와 여권 인사들은 "북한이 핵을 포기하고 경제 발전의 길로 접어들었다"고 말한다. 이에 반대되는 시각으로 야권과 보수 진영은 '북한 비핵화 포기가 아니라, 북한을 핵무기 보유국으로 인정한 상황에서 전개되는 위협 감소 협상'으로 판단한다.

　　또 다른 의견으로 "북한이 밝힌 비핵화 의지를 전략적 결단이거나 전술적 술수"로 보는 시각이 있다. 윤영관 전 외교통상부장관은 "비핵화가 전략적 결단이라면 보상을 받고 핵을 포기할 것"이라면서 "술수라면 핵을 포기하지 않고 보상을 얻어내려 할 것"으로 전망했다.[112]

　　북한의 비핵화 대화 상대에는 미국뿐 아니라 대한민국, 중국, 일본도 포함된다. 따라서 완전한 비핵화 없이는 제재 완화, 종전 선언 등 평화 체제로 전환할 수 없다는 것이 미국의 확고한 입장이다. '선先비핵화 후後상응 조치'인 셈이다. 하지만 북한과 같은 노선에 있는 중국은 쌍궤 조치, 비핵화와 상응 조치를 동시에 해결할 것을 미국에 요구하고 있다.

현재 미국과 북한이 완전한 비핵화에 대한 해결 방안에 차이를 보이기 때문에 '교착 상태'에 빠져 있는 상황이다. 이를 해결할 수 있는 가장 좋은 방안은 북미 정상이 만나서 '톱-다운'으로 해결하는 것이다. 북한이 2차 정상회담을 원하는 이유이기도 하다. 트럼프 대통령은 2차 회담 장소를 발표하겠다고 하면서도 시간에 연연해하지 않는 모습을 보인다. 미중 무역 전쟁에서 승리하는 것이 더 중요하기 때문이다.

북한의 완전한 비핵화 프로세스가 교착 상태에 빠진 상황에서 새로운 모멘텀을 만들려면 남북한의 노력이 필요하다. "북한이 나서야 한다"고 윤영관 전 장관은 주문한다. 바로 북한 김정은 위원장의 대한민국 답방이다. 2018년 11월 30일 아르헨티나의 한미 정상회담에서 확인한 내용이다. 또한 2019년에 시진핑 주석이 평양과 서울을 방문하고, 김정은 위원장이 러시아를 방문하는 것이다. 그리고 트럼프 대통령과 김정은 위원장이 2차 정상회담을 갖는 것이다. 한반도의 평화와 번영은 남과 북이 함께 노력할 때에만 가능하다. 왜냐하면 남북의 갈등은 패권 국가들에 이용할 패만 안겨주기 때문이다. 추잉지우 교수는 "남북이 동북아 정세 변화를 주도해야 한다"고 강조한다.[113]

그렇다면 남북이 한반도 체스판에서 졸이 아닌 퀸이 되는 방안은 무엇인가? 왜 퀸이 되는 것이 중요한가?

졸이 되면 한반도 문제 해결의 주도권을 잡을 수 없기 때문에 강대국에 끌려다닐 수밖에 없다. 이미 구한말과 해방 정국에서 강대국의 희생양이 되는 일을 경험했다. 반면에 퀸이 되는 것은 주도권을 잡고 우리가 역사를 만들어가는 것을 말한다. 독일은 이것을 달성했다. 독일의 통일이라는 체스판에서 서독은 주도적인 플레이어가 되어 미국과 프랑스를 든든한 기사로 활용하고, 소련과 체코, 헝가리 등 위성국가들을 말로 활용해 평화 통일이라는 목표를 이룩했다. 이러한 독일의 성공을 우리에게 어떻게 적용할 수 있을까?

　한반도 문제를 해결하기 위해서는 '남북이 주도하는 다자구도'를 끌고 가는 것이 바람직하다. 북한의 비핵화를 위해 남·북·미·중의 협력 구도가 형성된 것이 좋은 예이다. 동시에 미국과 유엔의 강한 제재를 받고 있는 북한은 북·중·러의 협력 구도를 만들었다. 2019년에는 경제와 번영을 위한 남·북·미·일의 4자 워킹그룹, 남·북·미의 3자 워킹그룹 혹은 남·북·중·일의 4자 워킹그룹을 형성하는 것이 중요하다. 북미 간 문제 해결이 어려울 때, 특히 '목숨 건 중매장이' 역할을 한 문재인 대통령 같은 중재자가 필요하다.[114]

　2019년은 북한과 미국이 비핵화와 관계 개선을 실질적으로 이루는 원년이 될 수 있다. 이는 동북아에 큰 변화를 몰고 올 것이다. 이때 남과 북은 단결해야 한다. 다시는 역사에서 퇴행의 길로 가는 우를 범하지 않아야 한다. 남북 단결은 이념과 체제를 넘어 한반도 인민의 평화와 번영에 기여하는 최고의 전략이다.

2장
4차 산업혁명 선도와
한반도 경제공동체

1. 미래 경제 체제와 글로벌 공급 사슬 전쟁
2. 북한 비핵화와 경제 퀀텀점프
3. 어떻게 경제공동체를 이룰 것인가

NEXT WORLD & KOREA

미래 경제 체제와
글로벌 공급 사슬 전쟁

4차 산업혁명이 미래 경제 체제를 결정한다

"결국 강대국의 흥망은 국가 경제 체제의 속성에 달려 있다."[115]

패권국의 경제 체제는 세계 체제가 된다. 농업 사회 스페인, 상업 사회 네덜란드, 공업 사회 영국, 후기 공업 사회 미국순으로 패권이 이동한 것은 "미래 경제 체제를 개척한 국가가 패권국이 되었다"는 뜻이다. 21세기 미국의 패권은 압도적인 군사력, 기술력, 그리고 높은 생산성을 기반으로 하는 경제력에 있다.

근대 발전사를 고찰하면 각각 산업혁명을 이끈 나라가 패권을 쥐었다. 먼저 1760~1840년대에 증기기관과 방직공장의 발명으로 1차 산업혁명을 이끈 영국은 향후 200년간 세계 패권국이 되었다. 1890~1900년대 초에 진행된 2차 산업혁명은 전기와 철도를 앞세운 미국에서 나타났다. 신기술로 무장한 미국은 제2차 세계대전을 지나며 초격차를 이루어

빅데이터 분석을 통해 본 4차 산업혁명의 핵심 기술과 퍼스트 무버 기업

	독일	한국	미국
핵심 기술	디지털 기술	사물인터넷	디지털 기술
	사물인터넷	인공지능	생산지능화
	생산 자동화	정보통신기술	인공지능
	빅데이터	5G	빅데이터
	인터넷	빅데이터	로봇
	소프트웨어	로봇	사물인터넷
	물류	반도체	사이버물리학
	로봇	네트워크	인터넷
	클라우드	소프트웨어	블록체인
		클라우드	3D 프린팅
퍼스트 무버 기업	지멘스		마이크로소프트
	보쉬		아마존
	BMW	삼성전자	애플
	아우디	SK그룹	시스코
	KUKA	KT	델
	벤츠	LG전자	페이스북
	이온	롯데그룹	구글
	폭스바겐	현대자동차	HP
	SAP		IBM
	알리안츠		

• 출처 : 김택환 외, 《제4차 산업혁명을 선도하는 미래기업 연구》, 한국경영정책연구원, 2018년.

나갔다. 1960년대 이후 컴퓨터와 인터넷 발명으로 일어난 3차 산업혁명의 주인공 역시 미국이었다.

2011년 독일발 '인더스트리 4.0'으로 출발해 2016년 다보스 포럼에서 이름 붙여진 4차 산업혁명은 모든 사물과 사이버 세상이 인터넷 네트워크로 연결되는 현상을 말한다. 인공지능, 빅데이터, 사물인터넷, 클라우드, 블록체인 신기술이 응용 및 융합되면서 사회, 정치, 경제 등 모든 영역에 영향을 미치고 있다.

이미 우리는 2016년 3월 인공지능 알파고와 이세돌 기사의 대국을 통해 인공지능의 위력을 경험했다. 또한 미국 IBM이 개발한 인공지능 의사 '왓슨Watson'의 활용을 체험하고 있다. 인류는 인공지능 로봇이 보통 사람보다 뛰어난 능력을 발휘하는 '싱귤래리티Singularity', 즉 특이점의 시대에 점점 가까워지고 있다.

미국이 4차 산업혁명을 주도할 것인지, 아니면 도전자인 중국이 주도권을 가져갈 것인지가 세계 패권 구도의 핵심이다. 일각에선 유럽의 도전도 거론하고 있지만, 유럽은 패권 국가의 조건을 갖추고 있지 않다. 미중 무역 전쟁은 4차 산업혁명의 패권을 둔 전초전이다. 미국은 최첨단 기술 국가로 도약하려는 '중국 제조 2025'에 대해 '지적재산권 탈취'라고 비판하면서 중국 기업들의 수출입을 제한하고 있다. 대표적으로 중국 통신사 화웨이를 들 수 있다. 세계 경제 체제를 결정하는 4차 산업혁명은 관련 기술 분야에서 국제적인 패권 경쟁이 전개되고 있는 것이다.

첫째 기술 경쟁이다. 기술을 두고 표준화 전쟁이 시작되었다. 인공지능, 사물인터넷, 빅데이터 등의 기술적 개발과 더불어 "누가 룰rule을 결정하느냐"를 두고 한판 전쟁이 일어나고 있다. 대표적으로 미국 재무부는 자국 기업인 마이크론의 메모리 스토리지 관련 기밀 절취 혐의로 중국의 푸젠진화 등 일부 기업을 고소했다. 또 푸젠진화 반도체에 대해 미국의 장비, 소프트웨어, 소재 등의 수출을 제한한다고 발표했다. 그뿐만 아니라 거대 통신장비 업체인 중싱통신에 대해서도 제재를 가했다.

둘째, 글로벌 비즈니스 차원이다. 자국 기업을 중심으로 세계 경제가 돌아가는 글로벌 플랫폼 경제를 말한다. 먼저 미국의 애플, 구글, 아마존, 페이스북, 트위터 등이 B2C(Business to Customer) 모델로 세계 시장을 석권하고 있다. 후발주자로서 중국의 알리바바, 텐센트, 화웨이 등이 미국에 도전하는 추세이다.

글로벌 공급 사슬 전쟁

미중 신경제 냉전은 관세 보복을 넘어 글로벌 공급 사슬의 주도권을 놓고 '시장경제 진영'과 '국가자본주의 진영'이 펼치는 새로운 냉전이다. 과거 국제 질서가 '미국 편' 대 '소련 편'으로 나뉘었듯이, 신질서는 미국과 중국을 중심으로 양측으로 재편되고 있다.

미국 백악관은 2018년 6월, 〈중국의 경제적 통합이 미국과 세계의 기술과 지적재산권을 어떻게 위협하는가〉라는 보고서를 발표했다.[116] 중국 정부의 정책과 관행이 글로벌 규범과 보편성에서 벗어나 미국과 세계 경제 전체를 위협하고 있다는 것이 핵심 골자이다. 보고서는 중국 정권의 정당성에도 공격을 가했다. 중국 사회주의 특유의 국가자본주의 체제가 시장을 왜곡하고 국제 경제를 교란시키고 있다고 비판한다. 대표적인 사례로 '중국 제조 2025'를 꼽았다. 이에 대응하여 "중국의 불공정하고 부당한 경제 행태를 더 이상 용인할 수 없으며 시장경제 국가들이 연합해 중국을 글로벌 공급 사슬에서 배제해야 한다"고 말했다.

트럼프 대통령의 무역 정책을 지휘하는 피터 나바로 국가무역위원장

애플 아이폰의 글로벌 공급 사슬 지도

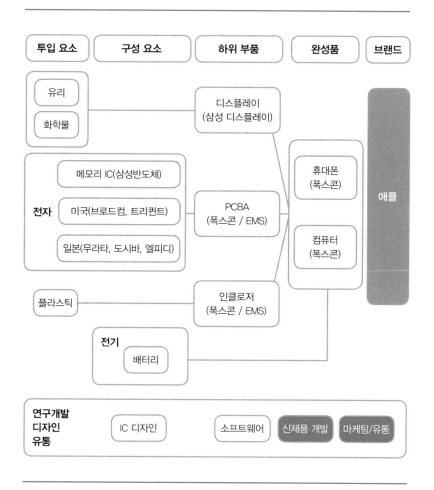

• 출처 : Stacey Frederick and Joonkoo Lee, "Korea and the Electronics GVC report", 듀크 글로벌 센터·산업연구원

등은 "자유시장경제 국가들이 연합해 중국을 세계 공급 사슬에서 퇴출시키자"고 목소리를 높인다. 이에 대해 중국은 "미국이 중국을 부당하게 글로벌 공급 사슬에서 배제하려고 한다"며 맞대응하고 있다. 하지만 이

미 글로벌 공급 사슬을 만든 기업들이 새로운 공급 틀을 만드는 일은 만만치 않다. 엄청난 비용과 시간이 필요하기 때문이다. 애플의 아이폰과 삼성 스마트폰의 글로벌 공급 사슬을 살펴보자.

앞의 그림은 애플의 아이폰이 생산되기까지의 공정을 보여준다. 조립 과정에는 한국, 미국, 일본, 대만뿐만 아니라 중국까지 포함되어 있다. 핵심 부품을 조립하는 폭스콘은 대만 기업이지만 공장은 중국에 있다. 따라서 애플은 미중 무역 전쟁의 피해자가 될 수 있다. 무역 보복 관세를 부과하면 중국에서 제품을 생산하는 아이폰 가격이 오를 것이라는 애플 사의 주장에 트럼프 대통령은 "그럼 공장을 미국으로 옮겨"라고 대답했다. 애플의 최대 스마트폰 경쟁사인 삼성 갤럭시의 글로벌 생산 거점은 비교적 흩어져 있다. 삼성 갤럭시의 최대 생산 지역은 16만 명이 근무하고 있는 베트남이다. 중국의 삼성 톈진 공장은 곧 문을 닫는다. 중국 국내 업체의 추격으로 중국 시상 점유율이 워낙 낮기 때문이다. 트럼프 대통령이 "중국에서 나오라"고 말하기 전에 삼성은 중국에서 빠져나왔다.

그렇다면 중국의 대응 전략은 무엇인가? '홍색 공급망Red Supply Chain'을 만드는 것이다. 시진핑 주석은 미중 신냉전 전략으로 '자력갱생'이라는 슬로건을 내걸고 '홍색 공급망' 구축에 나섰다. 자력갱생은 기술과 시장에서의 자립이다. 마오쩌둥 시절의 고난의 길인 '대장정'을 연상케 한다. 홍색 공급망의 핵심은 "중국이 혼자 다 한다"는 것이다. 과거 중국 제조 공정은 해외에서 수입한 부품을 조립해 수출하는 구조였다. 그러나 기술 수준이 높아지면서 이제는 부품도 국내에서 조달한다. 제조 공정의 자기 완결이다.[117]

애플의 아이폰과 삼성의 갤럭시 사례는 미중 무역 전쟁이라는 위기를 어떻게 기회로 만들어야 하는지를 보여준다. 〈중앙일보〉 중국경제연구소 한우덕 소장은 "트럼프가 글로벌 공급 사슬에서 중국을 몰아낸다면

삼성 스마트폰의 글로벌 공급 사슬망

(단위 : 연간 백만 대)

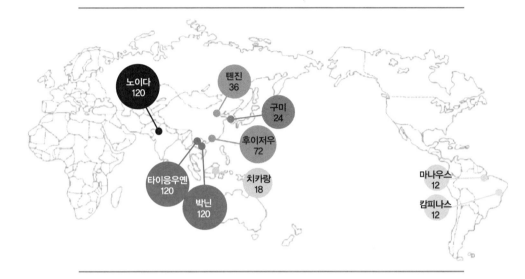

• 출처 : 유신투자증권 추정

분명 기존 공급 사슬에 구멍이 생길 수 있다"면서 "내 경쟁 회사에, 내 경쟁 상품에 그 일이 발생한다면 그건 내게 호재가 될 수 있다"고 말한다. 또한 LG전자에서 지적재산권을 담당하는 전생규 부사장은 필자에게 "미중 무역 전쟁의 핵심은 지적재산권 문제"라면서 "미국과 중국이 주도하는 세계 경제의 질서와 구도가 어떻게 변화하는지를 잘 파악해야 한다"고 말했다. 어느 나라의 어느 기업과 전략적 제휴나 협업을 할 것인지에 대한 판단을 이야기한 것이다.

세계 경제의 질서가 어떻게 바뀌고 글로벌 공급 사슬과 지적재산권 전략이 어떻게 새롭게 만들어지는지에 대한 연구와 준비가 필요하다는 지적이다.

글로벌 전략과 한반도의 기회

국제 경제 구도는 기술과 시장 지배 세력에 의해 결정된다. 특히 시장은 글로벌 공급 사슬의 장악력에 달려 있다.

기술의 힘이 얼마나 중요한지는 과거 중국과의 관계에서 우리는 제대로 경험했다. 한국 내 중국 전문가들과 중국에서 만난 한인 기업가들은 "지난 2000년 역사에서 우리가 중국에 우위를 보인 것은 중국이 개혁·개방을 시작한 1980년대 이후 지난 30년뿐이었다"고 말하면서 유일하게 중국에 대해 '갑'이었던 시절이었다고 회상한다. 그것이 가능했던 이유는 우리의 기술이 뛰어났기 때문이다. 덩샤오핑은 일본에 기술 이전을 요청했으나 퇴짜를 맞고 현대의 정주영, 포항제철의 박태준 회장 등을 찾아가 기술을 배우기 위해 삼고초려를 하기도 했다. 또한 중국의 개혁·개방 당시에는 한국의 기업인들이 중국 성의 성주나 위원장을 만나는 것이 어렵지 않았다. 중국은 한국 모델을 공부하면서 '패스트 팔로우' 기술 전략을 실천했다.

하지만 10년 전부터 상황이 달라졌다. 중국의 기술 굴기가 성공했다. 과거의 중국이 아니었다. 어느새 중국은 경제·기술·군사적으로 미국에 도전하는 강국으로 성장한 것이다.

그렇다면 미중 신냉전 시대에 한국은 어떻게 대처해야 하는가? 먼저 국가 전략이 필요하다. 특히 기술 굴기를 위한 산업 정책을 말한다. 약소국들은 국가 전략이 없을 때 침략이나 시련을 겪게 된다. 대한민국은 중후장대 산업에서 하이테크 산업으로의 체질 개선이 필요하지만 시기를 놓치고 있다.

반면에 산업 강국들을 보면 독일은 '인더스트리 4.0', 미국은 'AMP 2.0', 중국은 '중국 제조 2025', 일본은 '재팬 부흥' 등의 국가 전략을 마련해 미래로 나아가고 있다. 정치, 기업, 노조, 학계, 시민사회가 함께 국가 목표를 세우고 추진하고 있다. 하지만 대한민국에는 이러한 국가 전략이 세워지지 않았다. '소득 주도 성장'은 국가 전략이 아니라 분배 정책의 일환일 뿐이다. DJ 정부 때 '산업화에 늦었지만 정보화에 앞서가자'라는 슬로건을 내걸고 IT 강국으로 도약한 것처럼, 다시 기술·산업 강국으로 도약하기 위한 국가 전략이 필요하다.

둘째, 기업들이 중장기적인 미래 전략, 즉 미래 신성장 동력을 마련하는 것이다. 1985년 일본과 미국의 플라자 합의로 엔화가 대폭 절상되자 삼성의 이병철 회장은 반도체 사업에 대한 투자 결정을 내렸다. 사장단이나 전문가들의 의견을 물리치고 미래 먹거리를 찾아 나선 것이다.[118] 그의 판단이 주효했다. 이는 글로벌 공급 사슬 구조를 파악하고 있었기 때문에 가능한 일이었다. 삼성은 가격 경쟁력과 패스트 팔로우 전략으로 일본 업체들을 재빠르게 추격했다.

신냉전의 구도는 우리에게 기회가 될 수 있다. 제2차 세계대전의 종전을 통해 패권 국가로 도약한 미국은 새로운 경제 무역 질서를 만들었다. 또 한국전쟁을 통해 독일과 일본은 글로벌 공급 사슬의 최대 수혜국이 되었다. 미일 경쟁으로 한국 기업들은 반도체 등 일부 산업 분야에서 강력한 경쟁자로 올라섰다. 미국과 중국은 각각 새로운 공급 사슬을 만들고 있다. 국가와 기업의 미래 전략이 중요한 시점이다.

셋째, 퍼스트 무버 전략이다. 자동차, 조선 등 기존의 주요 핵심 산업을 혁신해 선도하는 모델이다. 대표적인 분야가 전기차와 자율주행차이다. 이를 선도하기 위해 미국, 중국, 독일이 맞붙고 있다. 하지만 대한민국 정부는 수소차에 올인하고 있다. 갈라파고스로 가고 있는지도 모른다. 인공지능, 나노, 유전자 분야 등 새로 떠오르는 산업 분야를 개척하는 것도 중요하다.

미중 신냉전이 우리에게 행운으로 작용할 수 있다. 미국의 견제로 반도체를 포함해 중국의 첨단산업 굴기가 주춤하고 있다. 일례로 최근 중국 푸젠진화와 D램을 개발해온 대만 UMC가 관련 개발팀을 해체하고 있다. 중국의 추격에 쫓기는 우리로서는 시간을 번 셈이다. 중국과 다시 초격차를 벌리고 신기술과 신성장 동력 발굴에 나설 때이다. 4차 산업혁명이라는 트렌드 속에서 기술, 시장, 플랫폼의 우위에 기반한 새 비즈니스 경쟁이 치열한 이때, 새로운 도전과 기회를 만드는 리더십과 용기가 필요하다.

2

북한 비핵화와
경제 퀀텀점프

북한의 비핵화 프로세스와 상응 조치

한반도 문제의 핵심인 북한의 핵미사일 문제를 어떻게 해결하느냐가
2019년 최우선 과제이다. 남북 및 북미 정상회담까지 개최했지만 지금
은 교착 상태에 빠진 상황이다. 다행히 미국의 트럼프 대통령과 북한의
김정은 위원장의 2차 정상회담이 가시권에 들어왔다. 2월 27~28일 베
트남 하노이에서 북미 정상회담이 열린다.

현 시점에서 북한과 미국 간의 실타래가 어떻게 얽혔는지 역사적으로
고찰해볼 필요가 있다. 그 매듭을 풀기 위해서다.

북미 관계의 정상화를 이루려면 여러 단계의 과정이 필요하다. 풀기
쉬운 사안과 최근 사건을 역순으로 해결하는 것이 바람직하다. 국제적으
로 문제를 해결해나간 방법이기도 하다. 먼저 인도적인 차원이다. 미국
이 대북 제재 완화의 상징적 조치로 인도적 대북 지원을 허용하고 미국

북미 간 주요 사건 정리

순서	일시	사건
1	1950년 6월 25일	한국전쟁 발발
2	1953년 7월 27일	유엔·북한·중국 정전 협정 체결
3	1968년 1월 23일	북한, 미국 해군 정보수집함 푸에블로호 납치
4	1976년 8월 18일	북한 판문점 도끼만행 사건
5	1993년 3월 12일	북한 NPT 탈퇴 선언 → 1차 북핵 위기
6	2000년 10월 23일	올브라이트 미 국무장관 방북, 김정일 국방위원장 면담
7	2017년 8월 30일	웜비어 사망으로 미국의 북한 여행 봉쇄 → 여행 금지
8	2017년 11월 29일	북한 ICBM 화성 15형 발사, 핵 무력 완성 선언 → 유엔 경제 제재
9	2018년 3월 31일	마이크 폼페이오 미 국무장관 방북 → 북한 풍계리 핵실험장 폐기
10	2018년 6월 12일	북한 김정은 국무위원장·미국 트럼프 대통령 정상회담

인 북한 방문 금지령을 풀면, 이에 대한 보답으로 북한이 푸에블로호를 되돌려주는 방안이다. 이것은 국제적인 관심을 끄는 이벤트가 될 수 있고, 북한의 진정성과 미국과의 신뢰 구축에도 크게 도움이 될 것이다.

둘째, 구체적 비핵화 프로세스로는 북한이 영변 핵시설 폐기, 풍계리 핵 실험장과 동창리 미사일 엔진 시험장에 미국 등 국제 사찰단의 조사와 검증을 허용하는 것이다. 6자 회담 대표를 지낸 이수혁 민주당 의원은 3단계 전략을 제시했다. 1단계로 북한은 사찰하에 핵 시설을 먼저 폐기하고, 2단계는 플루토늄과 고농축 우라늄을 포함해 핵 물질을 폐기하는 것이다. 3단계는 북한 핵무기와 장거리 미사일 신고서를 제출하고 폐기하는 것이다. 이것이 선행되면 단계별 상응 조치가 취해진다. 한 예로 개성 공단과 금강산 관광 재개 등 대북 제재를 일부 완화하는 것이다.

셋째, 북한의 핵미사일 리스트 제공과 국제 기구의 검증, 그리고 미국의 종전 선언이 동시에 이루어지는 방안이다. 이는 북미 정상회담을 통해 진행되는 것이 바람직하다.

넷째, 본격적인 핵 폐기 검증과 더불어 평양과 워싱턴에 연락사무소 설치를 합의하는 단계이다. 본격적인 경제 협력과 국제 협력을 논의하기 시작한다. 한편으로 미국은 북한이 세계 은행, IBRD, IMF 등으로부터 경협 지원을 받을 수 있도록 한다. 동시에 북일 국교 수교가 본격적으로 논의되고 체결하게 된다.

다섯째, 완전한 비핵화와 더불어 북미 간 정식 수교를 맺는다. 동시에 유엔의 보장하에 남북한, 미국, 중국 4자간의 평화 조약을 체결한다.

미국 폼페이오 장관은 "10월 초 김정은 위원장과 만났을 때 비핵화에 대한 약속을 거듭 확인했으며, 다음 단계가 어떤 모습이어야 할지를 놓고 약간의 진전을 이뤘다"고 말했다. 또 "새해 초 트럼프 대통령과 김정은 위원장이 2차 정상회담을 갖게 되면 또 한 번의 실질적인 움직임, 중요한 돌파구가 만들어질 것"이라고 밝혔다. 북미 정상 간 빅딜이 성사될 가능성이 더욱 높아지고 있다.

'물고기 잡는 도구와 기법'을

"물고기를 주기보다 낚시 도구와 배를 지원해달라."

북한 아태위원회 부위원장인 송명철이 지난 2018년 10월 경기도를 방문했을 때 우리 측에 한 말이다. 베이징에서 만난 북한 간부 역시 이와 유사하게 "물고기보다는 물고기를 잡을 수 있는 도구와 방법을 알려달라"고 말했다. 경남대 극동문제연구소 소장을 지낸 윤대규 교수는 비핵화가 이루어진 전제하에 "남북 관계는 이전과 전혀 차원이 달라질 것이다"고 설명한다.[119] 먼저 적대적 대립을 해소하기 위한 군사적 긴장 완화는 물론 군비 축소까지도 진행하게 된다는 것이 그의 설명이다. 이미 양측은 GP를 파괴하는 등 긴장 완화와 군비 축소의 실행에 나섰다.

또한 과거 북한과 서방 국가들의 교류가 단절된 상태였던 때와는 달리 앞으로의 남북 관계는 북한이 미국, 일본을 비롯한 서방 국가들과 자유롭게 교류하는 상황에서 전개된다. 한국이 북한에서 차지하는 위상이 달라진다는 것이다. 그 결과 남북 간 경제 교류 및 협력이 활발해질 수 있다. 윤대규 교수는 "외부로부터의 지원이나 투자가 경쟁적으로 이루어질 수 있는 환경하에서의 남북 경협은 과거와 달라질 수밖에 없다"면서 "민간 차원의 경제 협력은 외국 기업과 경쟁해야 한다"고 전망한다. 북한에 대한 과거 인식과 패러다임에서 벗어나라는 충고이다.

구체적 실천 과제로 그는 "서방 국가뿐 아니라 남북 경제 협력을 강화하기 위한 법제도의 정비가 시급하다"고 강조한다. 특히 현재 한국에서 금지하는 '북한에 대한 여행 및 경제 활동 자유의 허용'의 필요성을 주장하기도 했다. 북한 역시 정상 국가로서 해외 투자를 받기 위해서는 법제도적 정비가 필요하다. 그 기준으로 윤 교수는 "우리가 중국을 여행하거나 중국에 투자를 할 때와 유사한 수준 내지는 오히려 이보다 더 완화된 기준을 만들어야 한다"고 제시했다. 북한의 장마당을 비롯해 시장경제가 활성화되기 위해서는 시장경제의 기본 원칙인 개인이 자신의 책임하에 자유롭게 경제 활동을 할 수 있게 하고, 개인 스스로 위험을 감수하면서 경제 활동하려는 것을 제한해서는 안 된다고 강조한다. 개인의 자유와 모험심이 자본주의 발전의 원동력이기 때문이다.

북한의 비핵화로 북미와 북일 간 국교 수교까지 이루어진다고 해서 남북 간 체제 경쟁이 종식되는 것은 아니다. 1975년 미국과 동독이 국교를 수립했지만 큰 변화는 없었다. 왜냐하면 동독이 소련의 위성국가로 머물며 전체주의와 국가 계획경제를 유지했기 때문이다. 동독 정권은 소련의 몰락과 운명을 함께했다. 그러나 북한이 중국과 유사한 국가자본주의 모델로 경제 발전을 추진한다면 한반도는 새로운 체제 경쟁의 현장이 될 가능성이 높다. 남과 북이 다시 미중 신경제 냉전의 대리전 혹은 미니 모형이 될 수도 있다.

남북이 '특수 관계'라는 점과 남북 경협은 '정경 분리'라는 원칙에 입각해야만 한반도가 평화와 번영의 길로 가는 데 성공할 수 있다는 것을 남북의 정치 리더들이 깨닫기를 기원한다.

퀀텀점프가 필요하다

"농업 사회, 경공업 진입, ICT 및 우주항공 산업까지 발전한 나라."

세계 산업혁명 발전사와 대한민국 경제 발전사에 기반해 현재 북한의 산업 수준을 평가하면 '혼합적'이라고 볼 수 있다. 먼저 북한 경제는 아직 농업 국가에서 경공업 국가로 이행하고 있는 단계이다. 폐쇄된 북한 사회를 직접 관찰할 수는 없지만, 두 가지 현상이 이를 잘 보여준다.

개성 공단 참여 기업 유형 현황

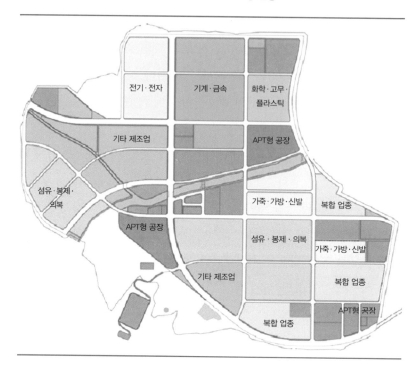

먼저 장마당의 변화이다. 북한식 자본주의라고 할 수 있는 장마당의 수는 500개를 넘어섰다.[120] 장마당에서 거래되는 제품들도 다양하고 미국의 달러화와 중국의 위안화가 통용된다. 또한 휴대전화가 500만 대 이상이고, 평양에서는 아파트 투기가 일어날 정도다. 다른 하나는 남한의 자본 및 기술 투자와 북한의 인력 및 인프라가 결합한 개성 공단 사업이다. 이는 긴장 해소와 더불어 북한의 경제 발전과 재원을 마련하는 데 큰 역할을 담당했다. 하지만 핵미사일 위협의 결과로 폐쇄된 개성 공단 사업을 살펴보면, 한국의 1960~1970년대 당시의 경공업 사업 수준이다.

북한의 개성 공단과 중국·베트남의 인건비 비교

(단위 : US 달러)

구분	개성 공단 (달러)	중국 산둥성 (달러)	베트남 호치민(달러)	중국 대비 (배)	베트남 대비 (배)
월 최저임금	60.8	112~135	63~71	0.45~0.54	0.86~0.97
생산직 근로자 수령 임금	80	250~300	120	0.26~0.32	0.67
기업 부담 사회보험료	9.12	60	15~17	0.54	0.54~0.61
복리후생 등 부대경비	40	58~100	16~27	0.40~0.69	1.48~2.5
1인 고용시 기업 비용	129	368~460	151~164	0.28~0.35	0.79~0.85

• 출처 : 조명철 외, 〈개성 공단과 주요 해외 공단과의 비교 연구〉, 117쪽.

2018년 11월 해외 주재 한인 기업인과 상공인들의 모임인 세계한인 상공인총연 회원 97명이 북한을 방문했을 때 북한 측이 보여준 것은 평양 인근의 식음료, 생수, 맥주, 방직, 가구, 화장품, 신발 공장 등 주로 경공업 산업체였다.

개성 공단의 경우, 한국 기업들이 투자한 가장 큰 이유는 북한의 저렴한 인건비 때문인 것으로 나타났다. 낮은 임금에도 불구하고 개성 공단은 북한 주민에게 선망의 대상이었다. 북한 기준으로는 상대적으로 높은 임금 수준이었기 때문이다.

북한이 현 단계에서 한국, 중국이 거쳐온 중공업 발전 수준을 빠른 시간 내에 따라잡을 수 있을까? 이를 위해선 기술, 자본, 그리고 특히 뛰어난 기업가와 숙련된 인력이 필요하다. 하지만 북한은 어느 하나 제대로 갖추고 있지 못한 상황이다. 북한이 경제 발전에 성공하려면 '퀀텀점프', 즉 대도약이 필요하다.

'북한식 인더스트리 4.0'

중국의 기술 굴기를 대표하는 국가 프로젝트 '중국 제조 2025'는 독일의 '인더스트리 4.0'을 벤치마킹한 것이다.[121] 북한도 이러한 '북한식 인더스트리 4.0' 모델을 국가 전략으로 마련하는 것이 필요하다. 그럼 '북한식 인더스트리 4.0'은 어떻게 기능한가?

먼저 김정은 위원장과 북한 지도부의 결단에 달려 있다. 북한이 경제 발전을 어떻게 이룰지에 대한 '국가 차원의 마스터플랜'이 필요하다. 독일은 국가 주도로 영국의 산업혁명을 따라잡았고, 다시 국가 차원에서 4차 산업혁명을 선도하기 위한 전략을 마련했다. 중국도 마찬가지이다. 북한 지도부가 새로운 결단을 내릴 경우 대한민국은 '특수 차원'뿐 아니라 국제적인 차원에서 협력과 지원을 할 수 있는 여건을 조성하는 데 앞장서야 한다. 만약에 북한이 결단하지 못할 경우, 중국과 베트남 등 시장경제로의 개혁·개방을 통해 성공한 현장을 방문하게 하고, 결단을 내릴 수 있게 이끌어내는 것이 필요하다. 따라서 2월 27~28일 2차 북미 정상회담은 새로운 결단의 장이 될 수 있다. 현장을 확인할 수 있는 기회이기 때문이다.

둘째, 미국이 주도하는 세계 경제 시스템으로의 편입이다. 이미 중국과 베트남을 통해 검증된 사례이다. 한국, 미국, 일본의 동북아 경제 공동체에 편입해서 고속 성장과 경제 발전을 도모하는 모델이다.

그러면 '북한식 인더스트리 4.0 모델'을 만드는 구체적인 방안은 무엇인가? 북한의 특성을 고려하면 스위스같이 경제 발전을 위해 산업 분야를 선택해 집중하는 전략을 고려할 만하다. 인구가 적은 산악 지대에 위치하고, 강대국에 둘러싸인 스위스는 4대 분야에 선택과 집중을 함으로써 세계적인 산업 국가로 도약했다. 관광, 정밀기계, 제약, 그리고 금융 부문이다. 알프스의 아름다운 풍경으로 관광객을 끌어들이고, 프랑스에서 이민 온 위그노들의 전통 위에 수백 년간 축적된 정밀기계 기술로 시계, 인쇄기 등에서 세계 최고의 제품을 수출하고 있다. 제약 분야에서는 '스위스의 삼성전자'라는 평가를 받는 글로벌 제약 회사인 '노바티스'와 '로슈' 등이 세계 톱의 자리를 지키고 있다. 마지막으로 스위스의 금융 산업은 이른바 '스위스 은행'이라는 말이 있을 정도로 독보적인 위치를 차지하고 있다.

둘째, 산업화의 퀀텀점프를 통해 '퍼스트 무버'로 가는 모델이다. 중국이나 한국보다 앞서가는 '빅 프로젝트'를 추진하는 것이다. 스마트시티, 인공지능과 사물인터넷 등 4차 산업혁명의 최첨단 기술이 융복합된 제조와 서비스 모델에 집중 투자를 하는 것이다. 중국이 밟았던 길과 비슷하다. 중국은 패스트 팔로우 전략으로 2차 산업혁명과 3차 산업혁명을 동시에 추진하여 단계를 건너뛰는 퀀텀점프를 이루었다. 이를 위해선 미국의 워런 버핏Warren Buffett, 일본의 손정의 같이 세계적인 투자자들의 동참이 중요하다.

셋째, 미국의 실리콘밸리, 독일의 '팩토리Factory', 프랑스의 '스테이션 F' 같은 세계적인 창업 밸리 혹은 창업 공동체 도시를 건설하는 것이다. DMZ에 남북 및 세계적인 청년, 기업과 투자자들이 참여하는 'ICT 창업생태도시' 건설 같은 프로젝트다.[122] 세계적인 인재들이 4차 산업혁명을 선도하는 기술과 제품·서비스 개발에 앞장서는 모델이다.

마지막으로 한 나라의 경제 발전을 결정하는 중요한 요인 중 하나는 기업가 정신이다. 한국의 이병철, 정주영, 중국의 마윈 같은 리더가 스스로 길을 개척할 수 있도록 환경을 조성해주는 것이 필요하다. 에디슨 같은 천재가 나오면 금상첨화이겠지만, 인재가 있어도 제도적 뒷받침이 따르지 않으면 재능을 펼치지 못한다. 일론 머스크, 세르게이 브린 같은 글로벌 인재들이 미국으로 몰리는 이유이다.

북한이 어떤 경제 구조와 기업 생태계를 꾸리느냐, 그리고 국영 기업과 민영 기업의 유연성을 얼마나 발휘하느냐가 중요하다. 북한의 경제 발전은 비핵화 프로세스, 국제 협력, 북한 내부의 역량 등 여러 요인을 동시에 필요로 하는 복합적인 프로젝트이다. 김정은 위원장의 담대한 결징이 기대된다.

어떻게 경제공동체를
이룰 것인가

15년 안에 통일이 가능한 이유

제2차 세계대전 이후 분단된 국가는 대한민국, 독일, 베트남, 예멘 등 4개국이었다. 우리를 제외한 나머지 나라들은 모두 통일을 달성했다. 하지만 그 방식은 각각 달랐다. 베트남은 민족주의와 무력을, 예멘은 이슬람이라는 종교를 기반으로, 독일은 자본과 우월한 체제로 통일을 이루었다. 베트남, 예멘과 달리 독일은 피 한 방울 흘리지 않고 평화 통일을 이루었다. 그래서 여러 가지 차이점에도 불구하고 독일의 통일 방식이 남북 통일 문제에도 많은 시사점을 준다. 필자가 유학 시절 현장에서 경험한 독일 통일의 과정은 20세기의 가장 위대한 리얼리티 드라마였다.

대한민국의 통일은 가능한가? 그렇다면 언제, 어떤 방식으로 통일이 될 것인가? 평소 가깝게 지내는 독일 정치학자와 한국 통일에 대해 흥미로운 대화를 나눈 적이 있다. 그가 한국 통일 전망에 대해 들려준 이야기가 있다.

"2022년부터 대한민국은 국운이 융성할 것이다. 2017년에 누가 대권을 잡아도 만만치 않게 되어 있다. 세계 경제는 식어가고, 자국 중심주의와 양극화는 심화되고 있는데, 한국은 어떻게 파고를 헤쳐갈지 궁금하다."

나는 그에게 무엇을 근거로 2022년부터 대한민국의 국운이 융성하는지를 물었다. 그는 세 가지 이유를 들어 설명했다. 먼저 2021년부터 세계 경제가 다시 좋아진다는 진단이다. 4차 산업혁명이 본격적인 궤도에 오르고, 신기술과 신제품의 등장으로 새로운 시장이 생겨난다는 것이다. 수출에 의존하는 한국 경제에 다시 기회가 오고 있다는 지적이다.

둘째, 북한 김정은 정권의 변화이다. 변화에 대해서는 두 가지 가능성을 제기했다. 하나는 정권 말기적 현상이다. 김정은 위원장이 고모부 장성택과 수많은 사람을 숙청한 것은 정치적 불안 때문이며, 마치 동구권 사회주의 국가의 말로의 '데자뷔'를 보는 것 같다고 했다. 이 분석이 정확하다면 구동독 정권이 무너졌듯이 '긴급 상황'이 발생할 수도 있다. 다른 하나의 가능성은 중국과 베트남처럼 개혁·개방으로 가는 것이다. 후자의 경우 통일보다는 평화와 번영의 시대로 가되 한 민족, 두 나라로 경제 공동체를 만드는 것이다. 대한민국 정치 리더의 외교와 정치력에 한반도의 미래가 달려 있다.

셋째, 중국 지도부의 대변화이다. 시진핑 주석과 공산당 지도부가 단일 독재 체제를 장기간 이어갈 수는 없을 것이다. 어떤 방식이든 중국에 큰 변화가 오리라는 것이 현실이다. 이렇게 되면 중국과 북한의 혈맹 관계가 깨지거나, 적어도 이전과 같지는 않을 것이다. 2022년은 시진핑 주석의 장기 집권이 공고화되거나, 새로운 6세대 지도부 체제가 시작되거나, 둘 중 하나가 결정되는 분기점이다. 현재는 시진핑 1인 체제로 가고 있지만, 미중 신냉전으로 중국이 경착륙할 경우 지도부가 바뀔 가능성도 배제할 수 없다. 집권 중국 6세대 지도부는 '한 가구 한 자녀' 세대로 '상명하복식 전체주의 체제'에 익숙하지 않다. 지금까지의 공산당 방식으로는 지속적으로 통치를 이어가기 힘들다는 분석이다. 제2의 톈안먼 사태나, 혹은 다른 유형의 정치적 변화가 일어날 수 있다고 전망한다.

2022년을 기점으로 15년 안에 한반도 통일의 문이 열릴 수 있다. 주영 공사를 역임하다 탈북한 태영호도 필자에게 "10년 내에 남북 통일이 가능하다"고 말했다. 그 이유로 북한 장마당과 소프트 파워가 갈수록 위력을 발휘하게 되리라는 점을 꼽았다.

2022년에는 대통령 선거가 있다. 이후 15년 동안 세 명의 대통령을 거치게 된다. 남과 북이 평화 통일을 이루려면, 무엇보다도 양국이 경제 강국으로 부상하는 것이 중요하다. 통일에는 천문학적인 비용이 요구되기 때문이다. 성장의 여지가 무한한 북한 경제의 퀀텀점프가 필요한 이유이기도 하다. 또한 서서히, 그러나 꾸준히 남북의 차이를 극복하면서 동북아 경제 공동체와 다자안보 체제를 만들어가야 한다.

공동 노벨평화상

역사적으로 한반도와 관련해 두 번의 노벨평화상이 주어졌다. 첫째는 100년 전 1906년 한반도에서 일어난 러일전쟁에서 강화조약을 중재한 공로로 미국의 시어도어 루스벨트Theodore Roosevelt 대통령이 노벨평화상을 받았다. 그리고 100년이 지난 2000년에 남북 정상회담을 성사시킨 김대중 대통령이 남북 화해를 위한 '햇볕 정책'으로 노벨평화상을 받았다.

노벨평화상이 국제 정치와 평화에 중요한 이유는 무엇인가? 평화라는 인류의 성취를 기념함으로써 역사에 좋은 선례를 기록한다는 의미가 있다. 그뿐만 아니라 평화로 향하는 여정에서 일을 추진하는 당사자들에게 힘을 불어넣고 모멘텀을 일으킬 수 있다. 독일의 통일과 관련해서는 지금까지 두 번의 평화상이 있었다. 동방정책을 추진한 독일의 빌리 브란트 총리와 소련의 개혁·개방을 이끈 고르바초프 서기장이 받았다.

2018년 4월 28일, 미시간주에서 열린 전당대회에서 연설하던 트럼프 대통령에게 지지자들이 "노벨, 노벨"이라는 환호성을 보냈는데, 트럼프 대통령은 '엄지 척'을 해보이며 흡족한 표정을 지었다. 트럼프 대통령은 "북미 정상회담으로 한반도의 비핵화가 실현되면 트럼프 대통령이 노벨 평화상을 받아야 한다"는 문재인 대통령의 덕담에도 기분이 좋았을 것이다. 역사에 이름이 남을 상을 주는데 싫어할 정치인이 어디 있겠는가.

한반도의 평화 통일로 가는 길에 두 번의 노벨상 수상이 있었으면 한다. 먼저 분쟁에서 평화와 번영의 시대로 가는 길목에서다. 북한의 비핵화를 달성하면 그 공로로 트럼프 대통령과 김정은 위원장이 공동 수상하는 것이다. 베트남 전쟁의 중재로 키신저와 레둑투, 아랍 분쟁을 해결한 공로로 PLO의 아라파트, 이스라엘 이츠하크 라빈 총리가 노벨평화상을 받은 것과 같은 논리이다. 이는 비핵화 이후의 과정에도 큰 힘이 될 것이다.

둘째, 비핵화에서 평화 통일로 향하는 길목에서 또 한 번의 수상이 촉매제 역할을 할 수 있다. 유럽연합과 유럽안보협력회의 같은 동북아 경제 공동체와 다자안보 체제를 만들고, 그 결과로 남북 지도자 및 참여국 지도자들이 공동으로 노벨평화상을 받는 것이다. 6개국 지도자의 공동 수상은 전례가 없는 사건이지만, 그만큼 사안이 중요하고 역사적인 일이기 때문이다.

독일의 통일을 회고해보면 네 가지 조건이 맞아떨어졌고, 지도자의 불굴의 의지와 노력이 있었기에 가능했다. 즉 고르바초프의 개혁·개방 정치, 동독 주민들의 민주화와 통일 운동, 주변국인 폴란드·헝가리·체코의 민주주의 운동과 미국의 지원, 그리고 독일 정치인의 뛰어난 리더십의 상호작용으로 통일을 달성한 것이다.[123] 그래서 독일인들은 통일을 '역사적 선물'이라고 부른다. 1871년 독일을 통일한 철혈 재상 비스마르크의 "역사 속을 지나가는 신神의 옷자락을 놓치지 않고 잡아채는 것이 정치가의 책무"라는 말처럼 헬무트 콜 총리는 '정치가의 책무'를 놓치지 않았다.

한반도에서 평화 통일의 퍼즐을 맞추는 프로세스는 독일의 통일보다 어려울 수도, 오히려 쉬울 수도 있다. 결국 우리의 능력에 달려 있다.

3단계 남북 평화 통일

평화 통일의 방안으로 '3단계 통일론'을 말한다. 화해 공존, 남북 연합, 그리고 평화 통일이다. 이는 '통일 대박', '흡수 통일', '적화 통일' 같은 제로섬 게임이 아닌 윈-윈 방식이다. 3단계 통일론은 독일 철학자 임마누엘 칸트가 주장한 '영구 평화론'에 기반하고 있다.[124] 칸트는 첫째, 먼저 무역 거래가 활발하게 이루어지면 외교로 인한 평화가 정착된다고 말했다. 화해와 공존의 단계이다. 독일은 동·서독의 교류와 협력을 통해 공존의 시대를 만들어갔다. 반면 소련과 구동독의 붕괴는 민생 경제가 무너졌기 때문이다. 그래서 시장경제가 중요하다는 것이다.

둘째, 민주주의 국가로의 평화론이다. 자유민주주의는 절대 양보할 수 없는 국가 운영 원칙이다. 자유민주주의의 틀 안에서 평화가 이루어져야 한다는 뜻이다. 이성적인 시민은 전쟁을 거부한다. 민주국가의 시민은 전쟁을 멀리하게 된다. 남북의 시민들이 전쟁을 멀리하고 평화를 지킬 때 남북 연합이 가능하다.

셋째, 자유로운 국가들이 가입한 평화연맹 구축이다. 제1차 세계대전 후에 구축된 국제연맹, 제2차 세계대전이 끝나고 설립된 유엔 같은 초국가적 기구를 말한다. 남북 관계 역시 국제 관계 속에서 풀어가야 한다. 따라서 북미, 북일 국교 관계 수립이 필요하다. 6자 회담과 유럽연합이라는 국제 관계 속에서 통일을 달성한 독일처럼 우리도 그렇게 통일 문제의 실타래를 풀어가야 한다.

독일의 저명한 언론인 테오 좀머Theo Sommer는 남북 관계를 'go and stop'으로 표현했다. 조금 가다가 다시 역행한다는 것이다. 남북 관계는 '북한의 도발과 위기 → 협상 → 대북 양보 및 일괄 타결 → 파기 → 재협상'의 악순환을 거듭해왔다.

그러나 남북 및 북미 정상회담을 통해 새로운 기회를 맞이하고 있다. 한반도의 평화와 번영을 위해서는 남북 간 교류·협력 강화, 평화 체제의 확립, 국가 연합을 통한 경제적 통일, 법적·제도적 통일이라는 방향으로 나아가야 한다. 남북의 정치 지도자들이 새 기회를 놓치는 우를 범하지 않기를 기원한다.

남북 화해를 위한 실천적 전략

'접근을 통한 변화'를 내걸고 빌리 브란트의 동방 정책을 입안한 에곤 바Egon Bahr는 이렇게 말했다.

"(동·서독 화해를 준비하면서) 개성 공단 같은 것은 상상도 못했다. 개성 공단

한반도와 독일의 지체된 역사 비교

구분	독일	대한민국(한반도)	비교
첫 정상회담	1970년 브란트와 스토프	2000년 김대중과 김정일	30년 늦어
두 번째 정상회담	1981년 슈미트와 호네커	2007년 노무현과 김정일	26년 늦어
세 번째 정상회담	1987년 헬무트 콜과 호네커	2018년 문재인과 김정은	31년 늦어
유엔 가입	1974년 동·서독 유엔 가입	1991년 남북 유엔 가입	17년 늦어
미국과 국교 수교	동독은 1975년	아직 수립되지 못해	해결 과제
주민 왕래	1958년부터 서독을 방문한 동독 주민 약 2,000만 명으로 추정	간헐적 이산 가족 만남	동·서독과 남북 관계의 가장 큰 차이
방송 청취/ 특파원 교류	1972년 동·서독 자유로운 청취	봉쇄 및 통제	단절
경제 지원	퍼주기	중단	독일 퍼주기 성공
통일	1990년 10월	미완성	29년 늦어 (2019년 기준)

을 따라가라. 제2, 제3 개성 공단을 따라가다보면 평화 정착, 경제 통일이 온다. 그 후에 궁극적 통일이 있다."[125]

한반도의 지정학적인 딜레마를 '지경학적인 행운'으로 바꿀 수 있다는 것이다. '독일 통일의 씨앗'을 뿌렸다고 평가받는 브란트 총리 역시 동독에 서독의 공장을 지을 생각은 하지 못했다. 왜냐하면 당시 냉전의 논리에서는 불가능한 일이었기 때문이다. 대신 소련, 폴란드 등 동구 사회주의 국가들과의 수교에 매진하는 '우회 전략'을 추구하면서, 이를 레버리지로 동독과의 관계 개선에도 적극적으로 나섰다.

평화 통일을 달성한 독일과 비교할 때 우리는 아직 지체된 역사 속에서 살고 있다. 독일의 동방 정책을 설계한 에곤 바는 "통일은 생각하되 말하지 말라. 큰 담론보다 작은 실천이 중요하다. 통일은 모스크바에서 시작된다"고 말했다. 그는 소련이 독일 통일의 키를 쥐고 있다는 것을 정확히 파악했다. 독일의 정치 리더들은 말로만 통일을 외치기보다 데탕트, 평화, 협력, 화해의 실천을 강조했다. 조건을 갖추면 통일이 찾아온다고 생각한 것이다. 실제로 그렇게 역사의 신이 행운을 가져다주었다. 우리는 역사로부터 교훈을 얻어야 한다. 남북은 지금 한반도의 평화와 번영에 매진할 때이다.

한반도 평화를 위한 첫 번째 실천적 전략은 바로 남북 경협이라고 볼수 있다. 그러려면 경제공동체를 실현하는 것이 우선이다. 북한에 개성 공단 같은 수많은 공단이 들어서고, 이곳에 우리 기업과 글로벌 기업들이 함께 동참하도록 이끌어야 한다.

두 번째로는 남북의 실핏줄 연결이다. 독일의 〈쥐트도이체 차이퉁 Süddeutsche Zeitung〉 등 메이저 언론들은 남북 및 북미 정상회담에 대해 "제스처는 크지만 실천은 거의 없다"고 비판했다. 최고위층들의 만남이 잔치로만 끝나고 있다는 지적이다. 북한이 유엔과 미국의 제재로부터 벗어나려면 과감하게 남북 주민들이 자유롭게 만나고 교류하는 장을 만들어야 한다. 이산가족과 종교, 스포츠, 문화의 교류가 좋은 시작이 될 수 있다.

세 번째, 남남 갈등을 극복하고 힘을 단결하여 북한에 대응해야 한다. 실상은 북한과의 갈등보다 남한 내부의 갈등이 심화되고 있다. 남북 관계에 대해서는 초당적인 노력이 중요하다. 독일처럼 정권이 바뀌어도 동방 정책이 동일선상에서 이어지는 것을 말한다. 국제 외교 전문가인 〈중앙일보〉 김영희 대기자는 "서독이 단독 대표성을 고집하는 전독부全獨部를 폐지하고 동독의 존재를 인정한 내독부內獨部를 만든 것처럼 우리도 통일부를 폐지하고 남북평화협력관계부를 신설해야 한다"고 제안한다.[126]

네 번째, 1,000년 전 거란과의 담판을 통해 동아시아에 200년 평화의 시대를 열었던 서희 같은 탁월한 외교관이 필요하다. 독일 동방 정책을 설계한 에곤 바나 유럽 평화의 조율사 클레멘스 폰 메테르니히Klemens von Metternich처럼 창조적인 외교 역량을 지닌 리더가 절실하다. 능력이 있는 전문가를 적극적으로 등용하고 전폭적으로 지원하는 환경이 받쳐주어야 할 것이다.

마지막으로 '비전 있고 통 큰 정치 리더'의 등장이다. 패권, 이념, 진영을 뛰어넘어 시대의 문제를 풀어가는 새로운 정치 리더를 말한다. 강대국 콤플렉스에서 벗어나 새로운 리더와 국민이 함께 새롭고 위대한 역사를 만들어나가길 기대한다. '부강한 나라'를 만드는 것이다.

이 책은 지난 40년 동안 학자의 길과 언론인의 길을 걸어온 필자의 삶이 녹아 있다. 분단의 현장이자 중무장된 DMZ 철책에서 3년 동안의 군복무를 마치고 대학 졸업 후 독일로 유학을 떠났다. 10년 동안 그곳에 있으면서 동·서독 교류와 평화 통일을 직접 두 눈으로 보는 행운을 얻었다. 부러움이 가득한 마음으로 새로운 세상을 경험했던 것이다.

이후 나의 꿈은 '독일을 뛰어넘는 한국의 미래를 만드는 것'이었다. 이는 《넥스트 코리아》《넥스트 이코노미》외 5권의 '넥스트 시리즈'의 출간으로 이어졌다. 이 책은 '넥스트 월드 & 코리아'라는 주제로, 넥스트 시리즈의 여섯 번째 책인 셈이다.

집필을 위해 여러 단계의 노력이 있었다. 먼저 신문, 잡지 및 관련 책들을 섭렵했다. 그리고 한국에 있는 미·중·일·러·북의 경제와 외교에 관한 최고 전문가들을 만나 심층 인터뷰를 실시했다. 한 번에 그치지 않고 수차례 만나서 질문과 답변을 주고받았다. 미국에 관한 내용은 경희대 안병진 교수, 중국은 성균관대 이희옥 교수, 일본은 국민대 이원덕 교수, 러시아는 서울대 한정숙 교수, 북한은 경남대 윤대규 교수 등이다. 이들은 청와대나 외교부에 자문을 제공하거나, 고위급 전략 회담에 참석하는 등 한반도 외교안보 정책에 정통한 전문가로서 아낌없는 지원을 해주었다. 이들에게 과외를 받는 기분이었다.

둘째로 미국, 중국, 일본, 러시아에서 특파원을 역임한 언론인들을 만났다. 현장 언론인들은 주요 정책 담당자를 만나 인터뷰를 하고, 매일 현안을 파악한 뒤 기사를 쓰기 때문에 조언을 구하기에는 적임자였다. 미국은 〈국민일보〉 김명호 논설위원, 일본은 〈한겨레〉 정남구 논설위원과 〈중앙일보〉 오영환 논설위원, 중국은 〈중앙일보〉 유상철 중국연구소 소장, 러시아는 김석환 한국외대 교수(전 러시아 특파원) 등을 주로 취재했다. 이들로부터 각국의 속내를 심도 있게 파악할 수 있었다.

셋째로 윤영관 전 외교통상부장관, 최석인 전 아제르바이잔 대사 등 관련 국가에서 외교관을 지낸 전문가들을 만났다. 그뿐만 아니라 많은 국제 세미나와 컨퍼런스를 참여해 미국의 리처드 아미티지, 마이클 그린 교수 등 다양한 전문가와 소통했다. 한반도 문제에 대한 이들의 사고와 각국의 전략을 파악하기 위해서였다.

넷째로 미중 무역 전쟁의 실상을 정확하게 파악하기 위해 한솔섬유의 문국현 대표, LG전자의 전생규 부사장, 풀무원의 남승우 의장, 코스닥협회의 김재철 회장, 두산의 이현순 부회장 등 수많은 기업인을 만났다. 세계 경제 흐름과 지적재산권 등 많은 현안에 대해 큰 공부가 되었다. 이 자리를 빌려 감사드린다.

마지막으로 이웃 국가인 중국과 일본의 현장을 직접 찾았다. 세계 정세와 한반도 전문가인 교수, 학자, 정책 담당자, 정치인, 언론인, 기업인들을 만났다. 일본 〈아사히신문〉의 주필을 지낸 후나바시 요이치, 게이

오대 소에야 요시히데 교수, 2002년 고이즈미 총리의 북한 방문에 대동한 다나카 히토시 박사 등을 만나 인터뷰를 했고, 중국의 경우 베이징대 추잉지우 교수, 중국사회과학연구원의 리청르 박사를 비롯한 여러 기업인을 만났다. 한반도에 대한 그들의 속내와 이해관계를 파악하는 데 큰 도움이 되었다.

이렇게 방대한 작업과 취재 끝에 내린 결론은 한반도 문제를 위해서는 '새로운 사고, 새로운 발상, 새로운 전략'이 필요하다는 것이었다. 4강의 국가 전략과 한반도에 대한 야욕은 모두 자국의 이익에 목표를 두고 있었다. 우리도 '통 큰 국익의 관점'에서 새 비전과 구상을 마련해야만 한반도 문제 해결의 실마리를 찾을 수 있다는 교훈을 얻었다.

이름을 일일이 거명하지 않았지만 책의 출간을 위해 조언과 지혜를 제공해주신 많은 분에게 감사를 드린다. 또한 내가 재직하는 경기대학교(김인규 총장)의 선후배 교수와 임직원, 학생들이 일깨워준 용기에 큰 힘을 얻었다. 김영사 고세규 대표, 김윤경 주간, 권정민 편집자에게도 깊은 감사를 드린다. 이들이 용기를 북돋우고 아낌없이 후원해주었기에 책을 집필할 수 있었다. 마지막으로 나의 가족에게 감사드린다. 아들 산과 며느리 채원, 그리고 손자 유진(카이)이 주는 희망이 책을 저술하는 데 큰 힘이 되었다.

평창동에서

김택환

1 4개의 눈과 뛰어난 촉각을 가진, 심해에 사는 배럴아이_{barreleye} 물고기.

2 '천상의 소리' 교향곡 9번을 작곡한 베토벤은 귀가 안 들리는 농인(聾人, 청각장애인)이 아니라 용의 귀(농聾은 용龍과 귀耳의 합성어)로 '하늘의 소리를 듣는 사람'으로 불린다. 용의 귀란 하늘의 소리를 듣는 열린 귀를 비유하는 표현이다.

3 칼 폴라니 저, 홍기빈 역,《거대한 전환》, 길, 2009년, 93쪽.

4 *New York Times*, 2018년 11월 11일자 참조.

5 Jimmy Carter, "In Syria, an Ugly Peace Is Better Than More War", *New York Times*, 2018년 8월 24일.

6 랄프 게오르크 로이트 저, 김태희 역,《괴벨스, 대중 선동의 심리학》, 교양인, 2006년.

7 제바스티안 하프너 저, 안인희 역,《비스마르크에서 히틀러까지》, 돌베개, 2016년.

8 리샤오, 황효순 역, 〈美中 무역전쟁 주도권은 중국 손안에 없다〉, 월간조선, 2018년 10월.

9 피터 자이한 저, 정훈 · 홍지수 역,《21세기 미국의 패권과 지정학》, 김앤김북스, 2018년.

10 제인 메이어 저, 우진하 역,《다크 머니》, 책담, 2017년.

11 중앙일보, 2018년 11월 12일자 참조.

12 *New York Times*, 2018년 11월 21일자 참조.

13 Josef Joffe, "The Default Power", *Foreign Affairs*, September/October 2009

Issue.

14 www.militaryfactory.com 사이트 참조.

15 안병진,《미국의 주인이 바뀐다》, 메디치미디어, 2016년, 245쪽.

16 *FAZ*, 2018년 11월 16일자 참조.

17 게르하르트 슈뢰더 저, 엄현아 · 박성원 공역,《게르하르트 슈뢰더 자서전》, 메디치미디어, 2017년.

18 위키피디아 자료 참조.

19 *New York Times*, 2017년 11월 5일자 참조.

20 *New York Times*, 2018년 11월 27일자 참조.

21 E. Christofilopoulos, S. Mantzanakis, "China-2025: Research and Innovation Landscape", Foresight and Sti Governance, Vol 10. No 3, 2016년.

22 Liu Mingfu, *The China Dream*, CN Times Beijing Media Time United Publishing Company Limited, 2015년.

23 유상철,《2035 황제의 길》, 메디치미디어, 2017년.

24 Prognos, "Welt report 2015" 참조.

25 그레이엄 앨리슨 저, 정혜윤 역,《예정된 전쟁》, 세종서적, 2017년.

26 人民日報, 2018년 8월 10일자 참조.

27 중진국 함정은 2006년 세계은행이 〈아시아경제발전보고서〉에서 제기한 용어다. 개발도상국이 경제 발전을 순항하다가 어느 순간에 성장이 정체되는 현상을 말한다. 국가 1인당 소득이 4,000~1만 달러 사이에 있을 때 중진국으로 분류된다.

28 신경진,〈시진핑 리더십이 흔들리는 까닭은〉, 중앙일보, 2018년 8월 17일.

29 미국의 종합무역법에 의하여 보복조치를 행할 수 있도록 명시된 특별법.

30 박상기,〈일본의 日銀의 '마이너스 금리' 극약 처방 그 내막과 파장은? : 일본 경제의 '고난(苦難)'의 항로'를 점쳐본다〉, 한국미래연구원, 2016년.

31 조선일보, 2018년 11월 14일자 참조.

32 모타니 고스케 저, 김영주 역,《일본 디플레이션의 진실》, 동아시아, 2016년.

33 후지모토 다카히로 저, 박정규 역,《모노즈쿠리》, 아카디아, 2012년.

34 '갈라파고스 현상'이란 어떤 집단이나 국가가 세계 환경이나 흐름과 단절 · 고립되어 낙오되는 것을 말한다. 진화론자 찰스 다윈이 범선을 타고 세계를 탐험하다가 갈라파고스 군도를 발견했다. 이 섬은 육지에서 멀리 떨어진 태평양에 위치해 독특한 생태계를 형성하고 있었다. 다윈은 멧새가 격리된 각 섬에서 먹이의 종류와 환경에 따라 다르게 분화된 것에 영감을 얻어 진화론을 연구했다.

35 중앙일보, 2018년 12월 10일자 참조.

36 　KOTRA,〈저성장·고령화시대 일본 첨단산업의 성장전략 내용과 시사점〉,《2015
　　　년 글로벌 마켓 리포트》, 2015년.

37 　중앙일보, 2018년 10월 30일자 참조.

38 　정구종,《일본의 국가전략과 동아시아 안보》, 논형, 2016년.

39 　월터 라쿼 저, 김성균 역,《푸티니즘》, 바다출판사, 2017년.

40 　월터 라쿼, 위의 책 245쪽 이후 참조.

41 　피터 자이한 저, 정훈·홍지수 공역,《21세기 미국의 패권과 지정학》, 김앤김북스, 2018년.

42 　동아일보,〈러시아, 군사－경제 대국 부활〉, 2018년 9월 8일.

43 　David Filipov, "Putin won 2016, but Russia has its limits as a superpower",
　　　Washington Post, 2016년 12월 16일.

44 　연합뉴스, 2018년 11월 27일자 참조.

45 　한겨레 21,〈트럼프 당선, 미국 대중의 합리적 선택〉, 2016년 11월 14일.

46 　서재정,〈미국의 동북아 패권전략과 트럼프, 신현실주의와 신중상주의 사이의 한반
　　　도 평화 위기와 가능성〉, 2018년 10월 15일자 발표 논문 참조.

47 　주중한국문화원, '한중수교 19주년 기념 － 한중 다큐멘터리 포럼', 2011년 8월 24일
　　　자 발표 참조.

48 　유발 하라리 저, 전병근 역,《21세기를 위한 21가지 제언》, 김영사, 2018년.

49 　정구종,《일본의 국가전략과 동아시아 안보》, 논형, 2016년.

50 　진주만 공격은 1941년 12월 7일에 일본이 미국 하와이 주의 오아후 섬 펄 하버(진주
　　　만)에 정박해 있던 미 태평양 함대를 기습 공격한 사건이다. 미국 전함 5척, 2백여 대
　　　의 항공기가 파괴되었고 2천 명 이상이 사망했다. 이를 계기로 미국이 2차 세계대전
　　　에 참전하게 됐다.

51 　정의길,《지정학적 포로들》, 한겨레출판사, 2018년.

52 　문재인 대통령이 2018년 6월 21일 러시아 하원에서 '유라시아 꿈'이라는 제목으로
　　　연설한 내용의 일부이다.

53 　*The Wall Street Journal*, 2018년 11월 7일자 참조.

54 　장세진,《상상된 아메리카》, 푸른, 2012년.

55 　리춘푸,〈두 가지 전환을 실현해야 하는 중국의 한반도 정책〉, 아주대 중국정책연구
　　　소, 2018년.

56 　박훈,〈일본사 감상법〉, 경향신문, 2018년 4월 11일.

57 　마구치 게이지 저, 김현영 역,《일본 근세의 쇄국과 개국》, 혜안, 2001년.

58 　*Newsweek*, 2018년 3월 19일자 참조.

59 　윤성학,〈동북아 슈퍼그리드 전략 비교 연구〉,《러시아연구》 제27권 제2호, 2017년.

60 수지 김, 〈자유주의적 세계질서여, 이젠 안녕〉, 경향신문, 2018년 8월 18일.

61 Nicholas Kristof, "Trump was outfoxed in Singapore", *New York Times*, 2018년 6
    월 12일.

62 그레이엄 앨리슨 저, 정혜윤 역, 《예정된 전쟁》, 세종서적, 2018년.

63 *FAZ*, 2018년 11월 16일자 참조.

64 한국경제신문, 〈외통위 "미중 패권경쟁에 한반도 지렛대 돼선 안 돼"〉, 2018년 10월 22
    일.

65 유럽안보협력회의는 1975년 핀란드 헬싱키에서 발족, 당시 구소련과 동구를 포함해
    미국, 독일 등 전 유럽국가 대표가 모여 유럽의 항구적인 평화와 안전의 보장이란 대
    의에 합의해 결성됐다. 독일 통일과 유럽 통합에 크게 기여했다는 평가를 받고 있다.

66 Gideon Rachman, "Trump, Putin, Xi and the cult of the strongman leader",
    Financial Times, 2016년 10월 31일.

67 존 아이켄베리, 〈북한의 위기와 동아시아의 미래〉, 대학저널, 2018년 1월 12일.

68 *CNN*, 2018년 10월 28일자 보도 참조.

69 앤드루 바세비치 저, 박인규 역, 《워싱턴 룰》, 오월의봄, 2013년.

70 유상철, 〈시진핑의 장기 집권 야망 말하는 중국학 개척자 서진영 교수〉, 중앙일보,
    2018년 3월 9일.

71 리콴유 저, 유민봉 역, 《리콴유의 눈으로 본 세계》, 박영사, 2017년.

72 재레드 다이아몬드 저, 김진준 역, 《총, 균, 쇠》, 문학사상, 2005년.

73 루스 베네딕트 저, 김윤식 역, 《국화와 칼》, 을유문화사, 2006년.

74 월터 라퀴, 위의 책.

75 *New York Times*, "China Rules", 2018년 11월 26일.

76 Hudson Institute, "Vice President Pence speech", 2018년 10월 02일.

77 UBS, "Investing in China" 참조.

78 *The Wall Street Journal*, 2018년 8월 6일자 참조.

79 *The Wall Street Journal*, 2018년 12월 18일자 참조.

80 OECD, "General Assesssment of the Macroeconomic Situation", 2018년 11월
    28일.

81 *The Economist*, "America v China - The battle for digital supremacy", 2018년
    3월 15일.

82 김영희, 〈시야에 든 한반도 새 질서, '투키디데스 함정' 피해 가는 길〉, 중앙일보, 2018
    년 10월 11일.

83 김영희, 〈미중 무역전쟁은 예고편, 더 뜨거운 해양우주 패권 다툼〉, 중앙일보, 2018

년 11월 3일.

84 *Financial Times*, 2018년 12월 2일자 참조.

85 E. Christofilopoulos, S. Mantzanakis, "China-2025: Research and Innovation Landscape", Foresight and STI Governance, Vol 10. No 3, 2016년.

86 한겨레, 2018년 7월 5일자 참조.

87 김영희, 〈신남방정책, 환인도양 전역으로 확대하라〉, 중앙일보, 2018년 12월 6일.

88 David Eshel, "'String of Pearls' is Securing China's Sea Lanes", Defense Update, 2010년 12월 10일.

89 Dean Cheng, "India, US need to partner to balance China in Indian Ocean", *The Economic Times*, 2010년 9월 2일.

90 이선진, 〈미국 '인도. 태평양 전략'과 중국 '일대일로' 전략〉, 내일신문, 2018년 12월 10일.

91 Walter Russell Mead, "Geopolitics Trumps the Markets, America led a 30-year hiatus from history. It was nice while it lasted, but it's over", *The Wall Street Journal*, 2018년 10월 2일.

92 *Handelsblatt*, 2018년 4월 19일자 참조.

93 폴 케네디 저, 이일주 역, 《강대국의 흥망》, 한국경제신문사, 1994년.

94 문정인 · 서승원, 《일본은 지금 무엇을 생각하는가?》, 삼성경제연구소, 2013년.

95 리콴유, 위의 책.

96 김택환, 〈트럼프, 제2의 레이건이 될 수 있을까?〉, 내일신문, 2016년 11월 11일.

97 *The Economist*, "Creative destruction", 2018.

98 *The Wall Street Journal*, 2018년 11월 6일자 참조.

99 IMF, "World Economic Outlook," 2018년 10월 12일.

100 현대경제연구원, 〈미중 무역전쟁이 수출에 미치는 영향〉, 2018년.

101 연합뉴스, 〈미중 무역전쟁 걱정스럽다…美 금리인상은 2회〉, 2019년.

102 이미숙, 〈'안보는 미국, 경제는 중국' 끝났다〉, 문화일보, 2018년 12월 14일.

103 배기찬, 《코리아 다시 생존의 기로에 서다》, 위즈덤하우스, 2007년.

104 Peter Duus, *The Abacus and the Sword*, University of California Press, 1998년.

105 피터 자이한, 위의 책.

106 노르베르트 엘리아스 저, 박미애 역, 《문명화과정》, 한길사, 1999년.

107 Bret Stephens, "How Trump Won Re-election in 2020", *New York Times*, 2018년 7월 26일.

108 David Leonhardt, "How Trump lost Reelection in 2020", *New York Times*,

2018년 7월 29일.

109 조선일보, 〈격동의 한반도 전문가 진단 2부 - 김지윤〉, 2018년 7월 29일.

110 프레시안, 〈한국, 일본과 손잡고 '볼란테' 외교 구상할 때〉, 2018년 7월 1일.

111 샤를 드골 저, 심상필 역,《드골, 희망의 기억》, 은행나무, 2013년.

112 2018년 8월 25일 여의도 NH투자증권 대강당에서 '북미 정상회담 이후 동북아 정세' 주제로 열린 'NH 지정학 포럼'에서 윤영관 전 외교통상부장관이 밝힌 내용이다.

113 추잉지우, 〈2018년 동북아의 변화〉, 내일신문, 2018년 11월 29일.

114 홍석현,《한반도 평화 오디세이》, 메디치미디어, 2018년.

115 김태유 · 김태룡,《패권의 비밀》, 서울대학교출판문화원, 2018년.

116 The White House, "How China's Economic Aggression Threatens", 2018년 6월 18일.

117 한우덕, 〈중국의 '홍색공급망', 우리에게 축복인가 재앙인가〉, 중앙일보, 2015년 12월 14일.

118 박정훈, 〈한국 반도체, 세 번째의 천운(天運)〉, 조선일보, 2018년 11월 9일.

119 윤대규, 〈비핵화 평화시대의 한반도 전망〉, 대한변호사협회 통일법 조찬포럼, 2018년 8월 13일.

120 주성하,《평양자본주의 백과전서》, 북돋움, 2018년.

121 김택환,《대한민국 국부론》, 자미산, 2017년.

122 김택환, 〈DMZ의 디지털 최첨단도시 성공전략 : 연방제와 글로벌 인재양성 · 창업 생태도시 모델, DMZ 평화도시, 혁신을 논하다〉, 남북 ICT 첨단도시 정책토론회, 2018년 9월 1일.

123 손선홍,《독일 통일 한국 통일》, 푸른길, 2016년.

124 임마누엘 칸트 저, 이한구 역,《영구 평화론》, 서광사, 2008년.

125 김영희,《베를린 장벽의 서사》, 창비, 2016년.

126 김영희, 〈통일부 폐지하고 남북평화협력부 만들자〉, 중앙선데이, 2016년 6월 19일.